京都花街の教え●元芸妓が語る

昇る男の条件
沈む男の傾向

ビジネスマンのための京都花街案内付

竹由喜美子

すばる舎リンケージ

はじめに

一四歳のときに芸舞妓への道を歩みはじめ、京都花街で都合一一年の歳月を過ごしてまいりました。

いまは「元」がつく立場になっていますものの、ささやかながら花街とのお付き合いをつづけさせていただいております。

現役を離れたからこそ、舞妓芸妓のころに教わったこと、学んだことに、あらためて人としてのありようを気づかされることが多々あります。

そんなあれこれを振り返りながら、わたしなりに、これからご発展される皆様のお役に立つお話になればと、僭越ながらまとめさせていただきました。

京都の芸舞妓といいますと、イコールああ祇園ですねとおっしゃる方が多いのですが、京都の花街は、祇園甲部、祇園東、宮川町、上七軒、そして先斗町、この五花街からなっています（かつてはこれに島原を加えて六花街と申しました）。

お座敷に上がられるお客様というのは、社会的な地位を得られ、財も築かれた方々です。

このごろは少し様相が変わってきていますが、人間的にも成熟した方が多く、年代は、わたしが現役で出ていたころは五〇代ですとお若いほう、六〇代、七〇代の方が圧倒的だったものです。八〇代でなお、お元気な方もいらっしゃいました。

舞妓芸妓としてこのようなお客様多数に接してきた経験をもとに、成功しておられる男の人はどういう特徴をおもちなのか、そこからさらに、これから活躍され、昇っていかれるための条件をあれやこれやと拾い上げてみたのですが、これこれの条件を満たせば成功に至るという法則があるわけではないように思えます。

のっけから失礼なことを申しますが、たとえば女性について、結婚できない女の人はどういうタイプかと言えば、結婚マニュアル本を読んでいる人かなって、わたしはそう思うのです。ですから、昇る男の人を類型化し、ひとくくりにこういう男性が昇るという答えは、正直もちあわせておりませんし、探ろうともしませんでした。

ただ、いまの自分を変えていきたい、高めていきたい、という男性に向けて、こうしてはどうでしょう、こういう視点をもって、こう考えてはいかがでしょうというヒントであれば提供できるかもしれない、そう思って書きました。

はじめに

おそらく、すでに皆様ご自身が、答えはおもちなのだと思います。

親からも言われたように、人としてまっとうに生きること、あるいは、無駄遣いしない、人に思いやりをもつ、こういう当たり前のことがなによりも大切だということは重々ご承知のはずです。

ただ、頭の中で漠然と思っていること、描いていることが、人に言われると腑に落ちる感じで再確認でき、あらためて胸に刻まれることが誰しもあるかと。

そういう役目が果たせれば嬉しいです。そして、夢は大きく、どなたかおひとりでもいいので、その方の人生を変えてしまうような本になれば……。身の程知らずの自分を笑いつつも、そんな大それたことも少しだけ願っています。

二〇年くらいのちに、「僕、あなたの本を読んで社長なって、今日があります！」などと言っていただけたら、最高の喜びです。

二〇一三年京都花街の桜がほころぶころ

著者

京都花街の教え　元芸妓が語る

昇る男の条件　沈む男の傾向

もくじ

第2章　お客様から教わった「昇る男」の仕事術

第3章　わたしが思う「昇る男」になる自分の磨き方

装　　幀　　　倉本　修
編集協力　　　中山秀樹（株式会社HRS総合研究所）

第１章
お客様に教わった「昇る男」の基本形

01

昇る男は貪欲にお金を求める沈む男は無欲の草食系を気取る

お座敷に上がられるお客様は、どなたも自信に満ち溢れていらっしゃいます。「僕なんか……」といった言葉を口にされる方は、まずいらっしゃいません。いわゆる草食系の方はおられないのです。それにみなさん、上昇志向がとてもお高い。

自信があるというのは、とても大事なことだと痛感させられます。

女性であれば、自信は美しさがもたらすかと思います。いい大学を出ていて、運動もできる、でも美しくない、ということでは自信がもてないでしょう。人のこと言えたものではないのですが、女の人はおそらくそうです。絶対的に美しい女の人は、たとえほかに難があっても自信がもてるのではないでしょうか。

男の人だと、それはやはり〝お金〟だと思います。

男前で、そこそこいい大学を出ている、「けれどビンボー」ではイマイチ自信がもてないでしょう。歌舞伎の演目「恋飛脚大和往来」にも、「男の金のないのは首のないのと一緒じゃ」といった意味のセリフがあります。男の人にとって、お金をもっているということは、拠り所としてすごく大きいと思います。

自信をもつ男性をこまかく見ると、次のような傾向があるように思われます。

ごく普通の家庭に生まれ育って、普通に高校を出て大学を出て、取り立てて男前でもないし、抜群に運動ができるわけでもない、ただちょっと賢くて、選んだ職業が成功して……ということでお金持ちになられた方は、往々にして「オレ様」気味です。

税理士さんや弁護士さんのように個人の立場で成功をおさめている方は、お若いときはそうではなかったのでしょうが、人の意見を聞くということをあまりされないように感じます。そして、「オレはこうしてきた」「オレはこう思う」ということをよくおっしゃいます。ご自身の判断が重大なものごとを左右するご職業柄でしょうか。

「きみどう思う?」「なぁ、これってどういうことなんやろなぁ」みたいなことをおっしゃるのはたいがい、大きな企業にいらっしゃる方や、組織で重要な地位に就いておられる方です。

どういうタイプがいい悪いではなく、運もよく、いろんな条件に恵まれて、お金という面で成功した方に共通するのは、みなさん、お金を拠り所に自信を強くおもちのように見えるということです。そしてその自信が、その人をほかの面でも大きくしているように思えるのです。成功を必死に求め、その結果として自信が生まれ、自信がその人を大きくするからさらに成功が得られるようになる、という循環なのではないでしょうか。

本質的に草食系の方は、それはそれでいいでしょう。けれど、経済的な成功を目指しながら無欲を気取るのは、なかなかいい結果につながらないような気がします。

> **!**
> **経済力は自信につながる。**
> **経済力をつける自信がないからといって、無欲を気取らない。**

02

昇る男は誰かに好ましく思われる　沈む男は誰もが嫌悪感をいだく

たった一回お座敷でお目にかかっただけでも、「あの人、なんかキライ」と感じる方がいます。親しい仲間内でしゃべっていると、ほかの姉さん方も、「なんかあの人なぁ」といった感じなのです。

なんなのでしょう。あの人は一〇年後どうなるとか、あの方の会社はこの先どうなるといったことはわかるはずもないのですが、「ああいう人って……」という印象は共通します。

いつも思うのですけれど、女の人が一〇〇人いたらその一〇〇人みんなが「いい」という男の人は、いないのではないでしょうか。

わたしが「この俳優さん、めっちゃええな！」と言う男性でも、「わたしも好き」「わたしも」だけでなく、「いや、わたしはちょっと……」となります。でも、一〇〇人いて一〇〇人が嫌いな男性というのは存在すると思うのです。「この人、なんかキライ！」と言うと、「わたしも」「わたしも」となりがちです。

誰もが嫌悪感をもつ男性というのは、顔がブサイクといったことではなく、本能的に受け付けないいみたいいな……。

たとえば「キャバクラとか行ってもおもろない、けどここやったら話が合うしなぁ」とおっしゃる、裏返せばここでなければ話が合わない（合わせてもらえない）ような方です。ひとことで言えば、人間的な魅力に乏しいということでしょう。

キャバクラのお姉ちゃまたちは、若くて可愛くて色気があって、そういう素材だけでも勝負できますから、もしかしたらさほど話術を磨かなくてもよくて、もっぱら「あ〜そうなんですかぁ」「お天気がぁ」なのかもしれません（すみません、行ったこともないのに、イメージだけでキャバクラのお姉ちゃまをバカにした言い方をしていますけどお許しください）。

そういうお相手とは会話がもたないのでしょう。だからお座敷に見えるのかと。

芸舞妓は色気を売り物にするのではなくて、品を作りなさい、お客様の喜ばれる会話ができるように話題を豊富にしなさい、そのためには日々新聞や本を読みなさいと言われます。お座敷での会話に重きを置いているのです。

だからどんなお客様にも楽しく過ごしていただけるかと思うのですが、ここでしか遊べないというのは、内弁慶でしょう。お子ちゃまです。

誰とでもどこででも、円滑にコミュニケーションできるようになられるといいなと思います。

誰にでも好かれる男性でなくてもいい、けれど誰かが「素敵！」と思ってくれる人間としての魅力があるかどうか、それが昇る男と沈む男の違いではないでしょうか。

その素敵と思われる魅力はどうすれば生まれるの？　と、すぐに答えを示してほしいなどとはお思いにならないでください。

それでは会話ができない男性と同じです。

まずはご自分で、考えてみてください。ただし、人間的な魅力を生む大きな要素の一つは、相手を受け入れるコミュニケーション力でしょう。わたしはそう思います。

口下手だと成功も女性に好かれることも覚束ないと申しているのではありません。いちばん大事なのは、相手への気遣いと思いやりです。会話が苦手なら、お相手の話を心から聞き、相槌を打つ。それでよいかと思います。

大事なのは、心をもって聞き、返事をすること。

第１章　お客様に教わった「昇る男」の基本形

少しばかりマニュアルどおりの会話ができるようになるよりも、相手の印象ははるかによくなると思います。女性相手でも、お仕事のお相手であっても、です。

!

誰からも好かれる男を目指さない。
誰かの「一票」を得ることだけ考える。

03

昇る男はプロにはプロの技を求める
沈む男はプロの甘えに気づかない

かつて、わたしの姉さんの時代には、お客様はすごく教養がおありで、花街に対しての素養があって……。芸にも厳しく、目も肥えていたそうです。

ですから、芸妓や舞妓もそうしたお客様に恥ずかしくないように芸を磨かなければなりませんでした。お客様が小唄を唄われ、その小唄に合わせて「踊れ」と言われるのに「踊れません」では、「こんな振りも覚えてへんのか!」と怒られる方もいらっしゃったそうです。

けれど、いまはどうでしょう。

たとえば、最近とても驚いたのが、携帯電話の扱いでした。

わたしが現役のころは、まだ携帯電話はそれほど普及していませんでしたが、わたしは芸妓の姿で持つこと自体が不細工だと思っていましたから、持っていても「持ってしません」と申しておりました。それが華だと思っていました。

ところが、です。このあいだ、とあるお店にいらっしゃったお客様お二人の話がしだいにこみいった内容になってきました。すると、そばにいた芸妓さんが、携帯を取り出してピッピッと触わりはじめたのです。

お客様のお話がわからない、興味もない、口を挟むのもいけないという状況であっても、ずっと聞いておくべきだと思うのです。

わたしは現役を引退して一〇年以上。いまやお客様にも芸妓にも、これが普通のことになったのでしょうか。

お客様はお二人とも七〇歳手前ぐらい。そういう世代の方が、びっくりも、「ん？」という顔もされません。わたしは、なんとも味気ないというか、わたしだけが浦島太郎のようでした。

たとえ携帯を持っていても、芸舞妓にはそれを見せてほしくありません。

アイドルの方々でも、ほんとうはいらしたとしても、「彼氏はいません」「付き合っていません」と言います。あれが大事だと思うのです。

芸舞妓には、「ジーパンなんかはいたことありません」「携帯なんか持っていません」「彼氏なんかいるわけありません」という素振りであってほしいのです。

男性も、失礼を許すことが、包容力があるとか、やさしいということではないはずです。

お客様ご自身のレベルが下がってくると、芸舞妓のレベルが下がっていることに気づきすらされなくなります。とやかく言って恨まれてもなぁ、ということではなく、おそらく失礼な振る舞いに気づいておられない。それはご自分のレベルが下がっているからです。

昔はよかった、それにひきかえ、いまの方は……などと申したいのではありません。

かつて、社会の高みに昇られた方は、芸舞妓にもプロフェッショナルとしての芸と対応をお求めになりました。

「かわいい、かわいい」でなにごとも許してくださるものではなかったようです。そうしたありかたをご存じおきくだされればよいかと思うのです。

そして、せめて、プロとしてするべきでないことに気づく感性と見識はおもちいただければと願います。

これから昇っていかれる方は、何も言われないことをもってよしとしないでいただきたいと思います。人に苦言を呈するのはなかなかに面倒ですから、気づいていても、指摘されない方も少なくありません。

ただ愚痴や文句を言いたいだけのつまらない人と、あえて苦言を呈してくださる方とを見分ける、人を見る目を養っていただければと思います。

!

本物のプロフェッショナルであれ。
そして、相手にもプロの技を求める。

04

昇る男は見返りを求めない
沈む男は自分の利益をすぐに求める

舞妓は、年季（舞妓になるためには唄や踊りのお稽古をする。芸舞妓が所属する「置屋」と呼ばれるプロダクションのようなところに住みこみで見習いとして所属し、その間、お稽古代や生活の面倒を置屋が見る。舞妓としてデビューしたのち、置屋がこれまで払ってくれていた分を返済していく。その返済が終わるまでの期間を「年季」と呼ぶ）が明けるまではあまりお休みというものがありません。ですから同期でいろいろしゃべりたいことがあっても、お家が違えば滅多に会えません。時間も拘束されていて、お座敷が終わって真っ直ぐ屋方に帰らず、道でおしゃべりなどしていたら探されますから。

そこで以前は、一日お花（お客様が芸舞妓に払う「時間給」。単位は「本」。お線香が由来と言われている）をつけてくださって、自由に遊ばせてくださるようなお客様がいらっしゃったものです。

ご贔屓になったお客様に、「お兄さん、二人一緒にごはん食べに連れて行ってほしい」とおねだりをして、二人でしゃべる。いまそんなことをしたら、「オレをほったらかしにして！」と怒られるでしょう。「おまえら、花つけて連れて来てるのに、オレにつとめんかい！」となりそうです。

かつてのお客様は、「久しぶりに会うたんやろ」と、ごはんを食べながらワーキャーしゃべっているのを黙って見ていてくださるとか、「ほな、わしがいる言うて、二人でごはん食べといで」と、食事代もご自分のお茶屋さんにつけておくように言ってくださったりしたものです。

そういう粋な方は、いまはあまりおられないようです。

お若い方は、「そんなの当たり前でしょ。人にご馳走してほしいとねだるほうがおかしい」とお思いかもしれません。けれど、若い方も、かわいい姪ごさんからお菓子をねだられれば買ってあげるのでは。お座敷に上がられるお客様にとっては、舞妓のおねだりはそれと同じようなものだと思うのです。

立つところによって見える景色は違います。いまの自分に見える景色でもの事を決めつけずに、昇ったらどう見えるのかに関心をもって、まずご自分がそこまで昇ることに努力を傾けていただきたいと願います。とくに若い方には期待します。

お客様には、できれば先輩方の粋な配慮といったものを学んでいただけたらと願います。その一つは、姪に対するような鷹揚さです。そこから成功に至る人のありようが見出せるのではないかと思います。

なお、お花代をつけ、食事代なども出され、ときにはご自分抜きでそういったことをしてくださったお客様に、芸舞妓はそのご恩を忘れるものではありません。自前になったとき（年季が明けて独立したとき）、もしもそのお客様がお声かけくだされば、多少無理をしてでも駆けつける、踊りのお席もよい場所をご用意しよう、となります。もちろんお客様は、けっしてそれを見越してなさっているのではないのですが。

!

ときには、見返りを求めずに「粋」に遊ぶ。

05

昇る男はお金をきれいに使う 沈む男はお金の使い方がうまくない

いいなと思うお客様は……。しゃべっていておもしろいとか、人間的に魅力的だとか、いろんな要素がありますが、わたしには、ご贔屓になっていた大学の先生が思い浮かびます。教授ではなくて、助手さんでしたけれど、二か月にいっぺんくらい、「一時間、二時間のお花しかつけられないけど」と言いながらも、来てくださるのです。

お花をつけてわたしに会いに来てくださるのだなと、嬉しく思っていました。いろんなお話しをさせてもらいました。遺伝子工学の先生だったのですけど、ずっと知らなくて、よく物理の話を二人でしたものです。てっきり物理の先生だと思っていました。ギリシャ神話の本を貸し借りしたこともあります。

何本か追加でお花をつけて遊ばせてくださるとか、高いハンドバックを買ってくださるとか、そういうことは一切ないのですけれど、ほんとうに嬉しいお客様でした。

そういうお客様は、芸舞妓にとって決してイヤなお客様ではないのです。無粋だとも思いません。お金にならないじゃないかなどとは思わないのです。来られるのが楽しみで、「あ、先生、来はったんどすかぁ！　がんばって走りまーす」って駆けつけていました。

大きな宴会で、もうしばらくいてくれてもいいよと言われても、それをお断りしてでも先生のほうに走ろうかなと思うくらいでした。

羽振りのいいお客様と、芸舞妓にとっていいお客様というのは、また違うのです。

先生の収入を聞いたことはありませんが、助手というお立場にもかかわらず会いに来てくださるのは決してケチではない、きれいなお金の使い方と言ったらおこがましいですけれど、でもすごく「きれいだな」って思うのです。

以前、あるお母さんが怒っておられました。一万数千円のキップ代（年に数回、芸舞妓が出演する舞台があり、その公演チケットをお得意様に買っていただく）をまだ入金してこられないお客様がいはる、と。そのお客様、すごいお金持ちなのです。お忘れなわけではないでしょうに。

お金持ちかどうか、お金にきれいかどうか、ケチかどうかは、まったく別のようです。

きれいなお金の使い方をされる男性は、素敵だと思います。

その後、先生が出世されたかどうかは知りません。けれど、大学や学会で重要なお立場に就かれているとして、その立場に恥じない存在でいらっしゃるであろうことは間違いないと信じています。

わたしはまったくの部外者ですが、第三者にそう思わせる魅力を備えておられたのですから、少なくとも昇る男に分類してよいのではないかと思います。

!

たとえ少額であっても、お金は気持ちよく、きれいに使う。

06

昇る男は情熱をこめて語る 沈む男はただ知識をひけらかす

ごはんを食べに行ってワインが出ると、「これは何年もので……」とうんちくを語るのは成金だという説があるそうです。普段からおいしいワインを飲んでいたら、ただただ、おいしいかどうかを言うだけでいいと……。

ひと口飲んで「うん、やっぱりうまい」と言われて、その「やっぱりうまい」の言い方がすごいさらっとしていたら、あ、これがおいしい銘柄だというのをすでに知ってはる人なんやなって、そのひとことでわかります。

それを、「うん、やっぱりうまいなあ、さすがこのラベルのなんちゃらは……」と言い出されるといささか煙たくなります。ご自分の知識を語って聞かせるために連れて来られたのかしらと思ってしまいます。

語ることが人を引きつけるかどうかは、ただもの事をよく知っているかどうかではなく、そこに情熱が伴っているかどうかでしょう。情熱が伴わないお話は、聞いていてつまらないように思えます。

ほんとうにワインが大好きで、挙句ソムリエの資格を取ったというような方が、「お願い、これ語らして……」ということなら、いくら長い講釈であっても、それはそれで楽しいお話になります。情熱が感じられますから。

このあいだまでワインのワの字も興味がなかったのに、ちょっとカッコいいかなと思って付け焼刃の勉強をされたような方のうんちくは、耳に入ってこないですし、お経のようで眠くなることさえあります（すみません）。

しかも、ワインのことなら、そもそもその店のソムリエに任せるべきでしょう。

ご本人は「オレ、よく知っているだろ！」と博学を誇示されたいのかもしれませんが、知識をひけらかしても意味がありません。それを知っておく必要がどこにあるのかと疑問を感じてしまいます（釈迦に説法とも申します）。

ワインのことは、専門家に任せればいいのです。そのためにお店にはソムリエさんがいるのですから。彼の仕事を奪ってどうするの？　と思います。

情熱をこめて語るか、ただただ知識をひけらかすだけなのか、そこに昇る男と沈む男の違いがあるように思います。

知識をひけらかすだけの人に、引きつけられる人はいないでしょう。

なお、補足ですが……。

お話を聞く立場にあるときは、どんな年齢、どんなお立場の人のお話にも、何ひとつ得るものがないということはないはずです。

たとえ自慢話を披露されるタイプの方の、九九％はつまらなく思える話であっても、何か一％でも有用な話を得てやろう、引き出そうと思って、お話に耳を傾けてはいかがでしょう（すぐ眠くなるわたしが申すのは矛盾していますが、お話を聞く側の心得はそうあるべきかと）。

!

知識をひけらかすのは、ただのうんちく。語るのならば、情熱をもって語る。

07

昇る男は素直に「楽しい」気持ちを表す
沈む男は楽しくても「つまらない」振りをする

花街で嫌われるお客様の最たるものは、「つまらない」と言う人です。

わたしだけの評価ではありません。たぶん、どなたに聞いても同じことを言うはずです。触ってくるお客様が嫌いなのは申すまでもないのですが、それと同じくらい嫌われるのは、行儀が悪いでも、口が悪いでもなく、「こういう街ってね、これから廃れていくんだよ、君たちもね……」とか、「僕はたまたま呼ばれて来たけどさあ」などと、ぐちぐちと言われる人です。

いらっしゃるのです、そういう方が。たまにですが。

そもそも、呼んでくださっている方に失礼でしょう。とくにご自分のお金で遊んでいるわけではないような、そういう方に限って……。

そのくせ、ちょくちょくお見えになります。そして、「呼ばれたからには、来るんだけどね、こういうところに来るのって時間の無駄じゃない？　君たちとしゃべっていてもさあ」の連発です。

どう見てもめっちゃ楽しんでるやん！　なのに。

こういう方は、お金をドブに捨てているように見えます（人のお金の場合であっても）。高いお金を使っておきながら、何あの人！　と思われて何が楽しいのでしょう。せっかくなら、お金も時間も生きるように、「いや楽しいなあ、今日はきれいな人ばっかり、わしこんなとこ初めて」と言っておけばいいのではないでしょうか。

その人がテレビでＣＭをよく目にするような会社のおエライさんだったら、もうあそこの商品絶対買わへん！　となりかねません。それが人情というものでしょう。

品性が下劣な人、それを略して下品なのですけれど、ほんとうに下品なことって、あぐらをかいて肘をついていることではないと思います。ぴしっとスーツを着てらして、言葉遣いがきれいで、正座をしておられたとしても、こういうことを口にされるのは、ほんとうに下品だなと哀しくなります。

自分には合わない場所だなと思っても、「つまらない」などと悪口を言わなくてもいいでしょう。〝つまんない割引〟があるわけではないのですから。

「わー、楽しぃ！　おもろいなぁ、しあわせや」と言ってくだされば、わたしたちも楽しくて、ちょっとくらいお酌の量を増やそうという気になるというものです。心持ちですけどね。

周囲の人を愉快にさせる人は、お仕事の世界でも、きっと上昇されていくに違いないと思います。


！


楽しいことを、素直に表現する。

ちなみに、つまらないことは素直に表現する必要なし。

08
昇る男は人を人として扱う
沈む男は上からものを言う

お客様、言い換えればお金を払う立場の方の中には、ご自分では気がついていないのかもしれませんが、ときとして人を人として扱われない言動をされる方がいらっしゃいます。

たとえばタクシーに乗って、すごく横柄な態度を取られるような方です。タクシーの運転手さんを人として認識しておられないのだろうなと残念になります。

芸舞妓にもそういう態度を取るお客様が、やはりいらっしゃいます。

舞妓に出るとき、お母さんや姉さん方に言われたのは、「道歩いてるワンちゃんにもあいさつしとうきや」でした。誰に頭を下げても、バチは絶対にあたらない。頭を下げて怒られることはないのだから下げなさい、ということを心得として教わりました。

それもあって、コンビニの店員さんにも、道でお目にかかった自分よりもお若い方などにも、同じように接するようにしています（当たり前のことですが）。

すごくいやらしい言い方かもしれませんが、いまはコンビニでアルバイトをしていても、いまは学生のお姉ちゃまであっても、彼や彼女が将来どんなに出世するかわかりません。ばりばりの偉い方になられたら、こちらが頭を下げて面接を受けに行くことになるやもしれません。

ですから、ことさら「お姉ちゃんきれいですね」と媚びる必要はないのですが、ごくごく普通に「こんにちは」と言っておくべきではないかと思うのです。

情けは人のためにならずと昔から言われるように、自分のためだと思ってそうしています。

人情の機微を知っておられるお客様は、わたしたちのことを人として扱ってくださいます。

以前、とあるお店のお手伝いをしていたときのこと。お客様からすれば従業員はお皿を洗う機械のように見ておられるのかと思っていたのですが、「キミちゃんこないだはありがとう」と声をかけてくださる。あ、名前も覚えてくれてはるわ、となります。

あるいは、「僕の快気祝いやから」とお配り物をされているときに、わたしにまでくださる。

ひとりの人間としてきちんと接してくださる心配りに感激したことがあります。それが人情というものでしょう。

そういう心配りのあるお方だからこそ、ビジネスの世界で頂点に昇られたのも当然だと納得します。

！

誰に対しても、どんなときでも、「人として」丁寧に向き合う。

09
昇る男は「いい顔」をしている
沈む男は相手の目を見ない

講演会などで話すときは、誰か一人の目を見てしゃべるといい、そう聞いたことがあります。見られるほうはちょっと怖いですけれど。

わたしたちも、たとえば五〇〇人もお客様がいらっしゃるようなパーティーで、祝舞として踊らせていただくようなときは、お一人おひとりの顔がつぶさに見えるわけではありません。ですから、どなたかお一人に対してお届けする気持ちでつとめます。

歓談の時間も、まんべんなく五〇〇人すべての方には当たれませんけれど、一つところに留まらず、なるべく会場をこまやかに動き回るようにします。いくら話がはずんでいても、そろそろダメだよね、と自分に言い聞かせることもあります。ずっとべったりということは、しません。

そういう場所にあまりお見えにならない方も多いですから、「あ、舞妓さんってやっぱりイメージどおりだ」と思われる程度のところで、「ほな、ちょっと失礼します」と切り上げます。

三、四人さんのお座敷のときは、初めてお目にかかったお客様とでも、三時間くらい経ったころには、旧知の仲のように打ち解けられるよう心がけます。それは、お座敷に見えるお客様は、パーティーでお目にかかる方に比べて、また来てくださる可能性が高いからだという理由もちょっぴりはあるのですけれども。

ただ、そういう理由を問わず、どういうお席でお会いした方でも、お仕事抜きで、あ、いい人だな、どこかしら違うなと感じる方は、最初に目を見たときにきちんと目を見てくださる、そういう方です。いい目、いい顔をしておられます。

それはなかなか理屈では説明できないものです。マニュアル本にこうすればいいと書いてあったから、初めて会った人には目を見て声をかけたらいいのだなと意識されて、そのとおりに「こんにちは」となさっても、それはちょっとどうでしょう。それを自然におできになるお人柄であることが肝心だと思います。

わたしは、お会いした人が昇る男かどうかを見抜く眼力は持ち合わせていないのですけれど、キライな人は、だいたい最初の五秒で「この人キライ」と思います。そして、この人キライと思った人は、だいたいその後もずっとキライなままです。

やはり最初の顔に、すべてが出ているように思うのです。

昇る男の人は、ひと言で言えば、いい顔をされているように思います。初対面のときにきちんと相手の目を見てあいさつもされないような方は、成功も覚束ないのではないでしょうか。

!

自分の顔に責任を持つ。
最低限、話をするとき、人の目を見る。

10

昇る男はプライドを満たすハードルを高くする　沈む男はプライドを満たしてもらおうとする

女性が、できる男性を見抜くことは、難しいと思います。ですから、できる男性とお付き合いしたいのならば、そういう男性に選ばれるほうがいいでしょう。

できる男性に自分を選んでもらおうと思ったら、結局は自分ができる女性になっていくしかありません。狙っている男性の少しだけ上の女性になるのです。

男の人は、自分よりはるか上にいる女性には手を出さないのではないでしょうか。どうせ手に入らないと諦めるように思います。

女性でも、ジョニー・デップを手に入れようとは、一般的には、本気では思わないでしょう。でも、ちょっと上クラスの男の人、周りにいる中ではダントツで、いまはわたしより上だけど、がんばって背伸びをしたらいけるかなというくらいの人だと、がんばれます。

男の人は、そういうところがもっとあると思うのです。

女性は自分よりちょっと下めでも、「ま、この人で妥協していいか、だって居心地いいし」とか、「あたしがその分がんばればいいし」という感覚で受け入れがちです。

男の人は自分が手にしたものを誇示する意識があるせいか、いわゆるトロフィーワイフを求めがちで、ちょっと上のものを狙うように感じます。狩猟本能が強いのでしょう。

ただ、反面、男の人は女の人よりも怖がりですし、無謀なことはしません。女性は、勢いで突っ走りがちなところがあります。ですから、大胆に勘違いしてガーッといった結果、それが相手の男性のツボにハマって気に入られ、見事玉の輿に乗ってしまうことも、たまにですがあります。男の人が勢いでいったら、女の人はドン引きするだけでしょうけど。

男の人は、大きい獲物を狙うものの、大きすぎて、「バカじゃないの？」と言われたらすごく傷つくと思うのです。

女性は男の人に「バカ！」と言われても、「あの男サイテー！」「ひどいわぁ」ですむのですけど、男の人は、女の人に「アホちゃう？」と言われたら本気でガコッといってしまうでしょう。プライドが高いでしょうから。

でもプライドが高いだけに、「オレ様クラスの男がこんな女を連れて歩くなんて」という意識も常にあります。だから少しだけ無理そうなところに向かうと思うのです。

男の人は、自分よりちょっと上になろうとがんばっている女性に狙われることを踏まえておいてください。ですから、自分を上に上にと高めれば、自然とプライドが満たせる女性が手に入ることになります。

これは、仕事にも通じるのではないでしょうか。昇る男になるためには、まず自分のプライドが満たせるハードルを高くしておくのです。

昇る男になれないのは、誰かにプライドを満たしてもらおうと依存して待つタイプかと思います。それではおそらく成功は望めないのではないでしょうか。


!

ちょっと無理めなことに挑み、
自分のプライドを満たすハードルを自ら上げる。

11

昇る男は着るものにこだわる
沈む男はブランドもので身を固める

一流の方は、自分を打ち出すことに人一倍こだわりをおもちのようです。当然、身なりにもこだわっていらっしゃいます。

ただし、それはブランドへのこだわりといったものではありません。ズボンと靴はアルマーニなのに、上はファストファッションのものを羽織っておられるとか……。

「ワー、これお仕立てよろしいですね」と見る目もないのに言って、上着をおかけするとき目についたタグにファストファッションのロゴがあって、「えっ？　ズボンはアルマーニやのに！」ということがありました。それを違和感なく着こなしていらっしゃるのです。

そしてなによりも、とてもおきれいです。いつでも。

当たり前のことかもしれませんが、こまやかにクリーニングに出されているとか、毛玉がつくほど着ていないとか、そういう清潔という意味でのきれいさがあります。

ファッションフリークということではなく、見た目の印象をよくすることも仕事のうちだと理解され、身なりを大切にされているのでしょう。

一方で、「この人、ここまで止まりじゃないかしらん」と、大変失礼かつ生意気なのですが、そういう小粒感を覚える方がいらっしゃいます。たとえばブランドもののバッグを見せながら、「これね、ロンドン店限定発売なんだよ」などとおっしゃる方です。

ふらっと店に入ったら目に留まったので買ったということならいいのですが、世界に一五〇個しかない限定品なんだよ、みたいなものをお持ちで、しかもそれをずっと言っているお客様がたまにいらっしゃるのです。

「このバッグ、自分で作ったんだ」とおっしゃるお客様もいらっしゃいましたが、それは「限定品なんだよね、これ」とはまったく意味合いが違っていました。

これだけは仕事に欠かせないからいつも持ち歩きたい。既製品にはそれがすっぽり入るサイズがない。大きすぎてもいけないし重すぎても難儀だから、自分でデザインして作られた。だから、おそらくどこにもないとおっしゃるのです。機能を追究された結果でした。

こういうこだわりは素敵だなと感じました。

ご自分の価値観がしっかりと確立されているかどうかが、着るものや、持ちものに投影されるのではないでしょうか。

上から下まで全身アルマーニであれば、「あ、この人はファションにあまり興味がないんだな」「これなら間違いないだろうと、一式揃えられたのかな」と思われてしまうかもしれません（もしかしたら）。

それだと崩し方を知らない感じになってしまいますが、崩しておられるけれど、崩れているわけではない。そういうファッションの方が、成功者には多いと感じます。

見た目の印象を良くすることも仕事のうち。高価な物を身につける必要はないが、こだわりはもちたい。

12

昇る男は無邪気に楽しむ
沈む男は暗いこだわりを感じさせる

大企業の上層部にいらっしゃるような方は、「たっぷり」しておられます。

自分はどう考えても上の立場にいて、それはそれでしようがない。自分が降りていけば、下の人たちはもっと下がっていく。この差はもう埋まるものではないとわかっておられて、上の立場の人間としてしか動けないと、いわば諦観されているようです。

そのせいか、「たっぷり」と言うか、「たあわり」と言うのでしょうか、これは京言葉ですから、なんて言ったらいいのでしょう、「ゆったり」とか「鷹揚」とか、そういう雰囲気があるのです。

けれど、一面で「えっ？」と思うくらい子どもっぽいところもあられたりします。

プロスポーツチームのスポンサーをなさっているお客様に呼ばれて、芸妓何人かで観戦に寄せていただいたことがあります。

残念ながらその日は負け試合でした。

そのスポンサー企業の会長さんは、スポンサー席の後方で観ていらしたのですけど、本気で「なにをやっとるかぁ！」って。誰もいないところで「くそぉ！」とかじゃなくて、周りから見えるところで、「何をやっとるか！　おまえたちは！」みたいなことを叫ばれるのです。わたしたちは「まあまあ……」と笑って取りなすばかりでした。

ポーズでやっているわけでもないし、ねちっこく「なんだよ、あいつらは、こんなことじゃあ、もう予算カットだ」ということでもなくて、ほんとうに試合にのめり込んで檄を飛ばされるのです。

そういう激しいところもおありになる。それを隠されもしない。いつもの「たっぷり」とは違う一面を見せられて、とても新鮮で、魅力的でした。

昇るところまで昇られた方は、無邪気に心を遊ばせる一面がおありのようです。そういう面があるから、お仕事で厳しい顔をされても、部下のみなさんもわたしが感じたように人間的な魅力を感じ取って、ついていかれるのではないかという気がします。

男性の方が嫉妬心は強いとよく言われます。表面ではしれっとしながら、胸のうち、あるいは腹のなかでは、鬱屈したものをぐつぐつとさせる方もおられるのでしょう。けれどそうした陰湿さも、人は感じ取るものだと思います。そういう人についていこうとは誰しも思わないかと。

「何をやっとるか！」と叫ばれる会長さんのお姿を目にして、大企業のトップに立たれている理由が、ほんの少しですが、わかったような気がしたのでした。

！

時には、喜怒哀楽を無邪気に表現する。「余裕」がなければできないこと。

13

昇る男は自分は「運がいい」と思う
沈む男は自分の運のなさを嘆く

お座敷に上がられる方たちは、もちろんお仕事で神経をすり減らしていらっしゃるのでしょうが、悩みを抱えているようには映りません。

また、ご自分のことを、運が悪いと思われたことはほとんどないのではないでしょうか。

それはみなさんに共通しているように思います。

わたしごときが言うのもおこがましいのですけれど、わたしも自分は運が悪いと思ったことは一度もありません。人からはよく、悩みがなさそうと言われます。

妹からは、「周りにいる人のなかでいちばん楽しそう」と言われます（制約の少ない生き方をしているからですかね）。

ツイているとき、ツイてないとき、というのはありますが、自分の人生をトータルで見て、運が悪いなと思うことは一つもないのです。

少し乱暴な言い方になりますが、いまこの日本で、この時代に生まれてきて、少しばかり失敗したくらいで「オレ運が悪い」なんて言っているのなら、とりあえずどこかの国の難民キャンプに行って、食べることにも不自由している子どもの隣でそう言ってみろと言いたいです。

「オレ、運がないよね」などとこぼしている男性は、まず出世されないだろうと失礼ながら思います。

「いまちょっとツイてないなぁ」くらいのことは口にされるとしても、「オレは運が悪い」ではなくて、「いまこの状況に陥っているのはどうしてだろう」「どうしたらいいのか」を考えて状況を乗り越えた方が、成功者と目されるお立場になっているのだと思います。

会社が潰れて、「会社のために一所懸命やってきたのに」と言う方もいますが、頭抜けて能力の高くない人間が一所懸命がんばるのは、やるべき最低限のことではないでしょうか。「がんばって仕事してきたって、それ当たり前のことじゃないの？」と思います。冷たい言い方かもしれませんが。

鼻歌を歌いながらやっていてもお釣りがくるくらい能力が高くて、がんばったら成績が上がりすぎるからやめとくわ、というくらいずばぬけた能力の持ち主でなければ、一所懸命がんばるのが当たり前でしょう。朝、おはようございますと言うくらい当たり前のような気がします。

あれこれ悩んだり嘆くばかりの人は沈んでしまうかと。たとえ苦境にあっても、状況をよくするように動く人が上に昇って行くことになるのではないでしょうか。

!

「運が悪い」と思ったとしても、口にはしない。

14

昇る男は人に不義理をしない 沈む男は人を不快にさせる

成功者のタイプはまさしく千差万別です。けれど、こういう人はおそらく伸びないだろうというNG条件はあります。

その一つは、「明るくない人」です。そういう方は、借金まみれになることはないにしても、そこそこの人生で終わるのではないでしょうか。

明るい人というのは、バカ笑いをするとか、ギャグを言うといったことではもちろんなく、たとえば受け答えのときに、「はい」「はーい」よりも「はいっ！　そうですね」と明るい声で返事をする人です。

もちろん相手の顔を見て。声は少し大きいくらいがよいでしょう（時と場合によりますが。ただし「はい、はい」と二回返事は絶対にNGです）。

さらには、「でも」「だって」のようなネガティブな言葉を使わない、着ているものは高価なものでなくてもかまわないけれど、いつも清潔で、こざっぱりしていること、といったことも加えてよいかと。

つまりは、人として守るべき礼節を知って実践できているかどうかです。不義理なことをしないという意味です。

洋服が汚いことの何が不義理かと言えば、たとえば近づいたときにあまりにも不快なほど匂うというのであれば、人に対して義理を欠く行為ではないでしょうか。最低限のこととして、人に不快な思いをさせない。それができなければ、成功を求める資格すらないとわたしは思います。

どんな立場や身分の人にも、驕らず媚びず接することも礼節の一つでしょう。

昔から、因果応報、情けは人のためならずと言われます。自分のやったことは回りまわって必ず自分に返ってくるもののようです。わたしもいつも自分にそう言い聞かせています。ただ、これは「緩効性」ですから、実感しにくいのですが……。

緩効性というのは即効性の反対で、ゆっくりと、巡りめぐって効くことらしいです。

たとえば、わたしが目の前にいる人をしばいて、しばき返されたら、それは即効の因果応報です。でも、目の前にいる人をしばいたとして、その人はわたしとの関係を壊したくないからしばき返さずに、奥様に八つ当たりなさる。すると、奥様はワンちゃんにペンとやっちゃう。ワンちゃんはストレスが溜まって、お散歩に行ったときによそのワンちゃんにガウガウといっちゃう。ガウガウされたほうの飼い主さんが「なんや！」と思って、お買い物のときに出会った近所の人にツンとした態度を取る。そのツンとされた人が、むしゃくしゃしていてわたしがしばかれる。風が吹けば桶屋が儲かる式の効果です（極端な例ですし、これを緩効性の解釈としてよいのか心許ないのですが）。

人を不快にさせない、さらには気持ちよくさせる。

それを日々実践することが、成功するための条件になるではないでしょうか。

！ 人に不快な思いはさせない。

15

昇る男は食べ方がきれい
沈む男は食べ方がきたない

ささいなことのようで重要なのが、「食べ方」です。食べ方が美しくない人は、そのささいなことで、もしかしたら成功から遠ざかっているのかもしれません。

芸舞妓の道に入って教わったことの一つは、「とにかく人に見られているのだから、人の目に映ることを、がんばりなさい」ということでした。お客様に対する心得は、まず自分を正すことなのです。

そこでまずは、ごはんをきれいに食べるようにと言われました。

二四時間美しくしなさいというのはあまりにも漠然としすぎていますけれど、ごはんの食べ方をきれいにしなさいと言われたら、ごはんは三食ですし、人とご一緒することもありますから、そのたびに美しく食べようとします。

しかも、そのときに箸の持ち方はこうなさいなどと指摘されると、あ、見られていると気づきます。常に人に見られているのだという意識があると、ごはんを食べるとき以外の立ち姿、歩き方も、自然と気にするようになります。ますます何事も美しくしなければと思うようになりました。

出世なさったら、接待や何かで会食も多いでしょうから、そこであまりにも不愉快な食べ方を見せることになれば、マイナスでしょう。

人間は、動物的な、生理的な感覚に支配されますから、食べるときにクチャクチャいわせる、箸で指さしをするような人については、「あかん、こいつとごはんを食べるのは無理や！」から、「あかん、こいつとはいっしょに仕事でけへん」となりかねません。

とくに女性は、男性よりも生理的な感覚で好き嫌いを判断しがちです。

男の人は、「うーん、こいつの食べ方なぁ……」と思っても、ここの会社との取引を考えたら食べ方くらい目をつぶろうと割り切るかもしれませんが、自分の心づもりで差配できる立場に就いておられるような女性なら、「もうダメ、この人」とされる可能性がないともかぎりません。

いまの時代、仕事で相手にする方の半数は女性だと思っていたほうがいいでしょう。食べ方がきれいでなくて女性に嫌われることは、成功を手放すのとほぼ同じ意味になるものと覚悟すべきではないでしょうか。

ごはんの食べ方がきれいであることは、女性とお付き合いするにしても、仕事をいただくにしても、上司に引き立ててもらうにしても、とても大事なことだと思われます。

食べ方をきれいに、と心がけてみてください。ほかの動きも美しくなっていくでしょう。それが、成功への階段につづく入口にもなろうかと思います。

！

特段、美しくなくてもいいが、女性から嫌われる食べ方だけは直して損はしない。

16
昇る男は少額でも領収書を見る　沈む男は小銭にこだわらない

お客様の皆様がそうだとは申せませんが、成功しておられる方の特質なのでしょうか、領収書に目をとおされる方が多いように思います。

たとえば帰りのタクシー代として、一万円、あるいは京都は市内が狭いですから三〇〇〇円と、お渡しくださることがあります。

それはいただくものではありませんから、レシートとお釣りを封筒に入れて、「お釣り在中」と表書きをして、後日お目にかかったときにお返しするのですが、「そんなの、いいよ」「取っておけよ、これくらい」と言ってくださるものの、レシートだけは抜かれることがあるのです。

そして、金額をご覧になります。ちらりという感じではなくて、ふぅーん、と。好奇心なのでしょうか、「ふーん、君のとこまではこれぐらいかかるのか」といった感じです。

そんなタクシー料金を知ってどうするの？　というのがわたしレベルの感覚ですが、金銭にこまかいというよりも、習慣なのかもしれません。

何事も自分の目でチェックされる。もの事をスルーしないクセがついてらっしゃるのでしょうか。

ご自分が使われているお金の総額や流れを、把握なさりたいのかもしれません。家計簿をつけなくてもいいから、レシートをすべて貼りましょうというレコーディングと同じように、目で見るだけで流れをつかんでおられるのかと。

あるいは、金額の大小ではなく、こまやかなところを見過ごすと、やがてもの事が大きくなることを知っているからかもしれません。

もちろん、その方個人の性質だとは思いますが、何人かそういう方がいらっしゃいます。だから、こわいなと思います。一つひとつのケースを覚えていらっしゃるわけではないのですけれど、会話の中のひと言でも、よくもそんな、普通だったらスルーするでしょ、というところに引っかかられることがあります。

いまとても大事な話をしているのにテレビを見ながら聞かないでよ！　と言わせるうち

の夫はとはまったく正反対です。

成功された方は、皆様、こまやかな目配り気配りがおできになる。それはタクシー代の領収書一枚であっても、これはどうでもいいからとうっちゃらずに、すべてきちんと確認される習慣をおもちだからかとつくづく思います。

使い捨てボールペンであっても替え芯を買って使われる、コピー用紙の購入額が会社全体では億単位になるから一枚といえども無駄をなくすよう指示をされた、といった社長さんのお話を耳にするにつけ、小事をおろそかにされないことが成功者の成功者たる所以かと痛感します。

そういえば、支出に無頓着で（素振りだけ？）、羽振りのよさをやたらと誇示されるような方は、やがて躓いておられるような気もします。


！

お金に対して細かい感覚をもつ。ええかっこしいの無頓着やムダな大盤振る舞いはしない。

17

昇る男は横柄さのかけらもない
沈む男は横柄さが通用する場を求める

お座敷に上がられるお客様を、わたしは特別にすぐれた方々だとは意識していませんでした。ですが、いまにして、不愉快な思いをしたことが少ないことに気づきます。

そもそも、人を不愉快にさせるような方はあまり来られませんし、たまに横柄でイヤだなというお客様がおられても、そういう方は、やがてお見かけしなくなっていくのです。

中小企業だとか、大企業だとか、企業の規模などにかかわりなく、フリーの方も含めて、横柄な態度を取られる方というのは、とても生意気な言い方になりますが、人間として中途半端な方ではないかと思います。

そういう方が、五年、一〇年とお見えになっていただろうかと振り返ってみますと、たいがいお見かけしなくなっています。事業に失敗するなどしてお座敷に来られる状況ではなくなられたからなのか、ご事情はわかりません。ですが、「こいつ、許せへん！」と思うようなお客様は、やがてお見かけしなくなります。

横柄な方、みながみな落ちていったわけではないでしょう。こちらもついついツンとした態度を取ってしまうことがありますから、「お兄さん、かっこいい」「男らしい」と持ち上げてくれる店のほうがお好みで、足が遠のいたのかもしれません。

といって、お客様みなさんが生まれも育ちもいいエリートさんとはかぎりません。お話をされているときに、「高校落ちたときにな」とおっしゃるので、「え、高校？　大学じゃなくて高校に落ちはったんですか？」と聞いたこともあります。

むしろ学力優秀といわれる大学を出て、いまは官僚ですというような方は、お客様としてはあまりおられません。おられても、お堅いと申せばよいのでしょうか、あまり愉快なやりとりができるお客様ではないのです。精一杯盛り上げようとするのですけど、いかんともしがたく、盛り上がらない。ですから、花街ではウケがよろしくありません。するとこちらのそういう空気が伝わるせいか、ますますおもしろくなくなられる。よって、花街はお好みではなくなる、ということではないでしょうか（お立場もあってのことだろうとは感じます）。

もちろん、京都の花街ウケしない、というに過ぎません。昔、吉原で無粋で野暮なお侍さんのことを「浅葱裏」と言ったようなものでしょうか。お連れさんと難しい話をされて、わたしたちをお酌マシーンとしてしか扱われないのなら呼ばなきゃいいのに、とこちらもついつい心のなかでぼやきたくなるのです。

あれやこれやのお話も、しゃべっていい範囲を見極めながらされますが、それでも、こみいった話をされるのですから、花街のことを信頼なさってはいると思うのですけれど。

横柄だなと感じるのは、ひどく威張った態度もそうですが、わたしたちがいてもいなくてもいいような、存在を無視とまではいかずとも軽視されるのもあてはまると思います。むしろそういう横柄さのほうが人を傷つけるように感じます。

成功されてお座敷に上がられるお客様に不愉快な方が少ないのは、人を軽視する類の横柄さを感じさせることはなさらないからかもしれません。

!

横柄な態度とは、「偉そうにしている」ことだけではないと心得る。

18

昇る男は人付き合いを好む 沈む男は自分だけを好む

高い地位に昇っておられるお客様は、英雄色を好むではないですけれど女性も大好き、お酒や遊ぶのも大好き、飲まなくても遊ぶのは大好きと、個々にはまちまちですが、ほぼ共通してバイタリティが旺盛です。そして、人と接することをいとわれません。むしろお好きだと思います。

どんなお仕事でも、人と交わらずにできることは世の中にないでしょう。自分は人と会うのが苦手だし嫌いだから一人でこつこつと小説を書いて生きていきたいと思っても、少なくとも編集担当さんとは会わなければならないでしょうから、まったく誰とも接しないですむお仕事というのは、これからのネット社会ではわからないですけれど、いまは、まず存在しないだろうと思います。

たとえ地球を離れて宇宙ステーションに行ったとしても、それでも基地と通信しなければなりません。地球でサポートしてくれているスタッフに心ない態度を取るような人間は、宇宙船のネジを一本ゆるめられかねません（うそです）。

それだけに、成功しておられる方に、人間嫌いという方はおられないように感じます。人間嫌いであろうが、人間不信であろうが、仕事は仕事と割り切って対応されているのかもしれませんが、どうも、人がいる場に出て行かれるのを積極的に好まれているように映ります。

そして、タフです。マメでもいらっしゃる。おそらく人の一・五倍は働いていらっしゃるでしょうに、夜中の三時くらいになって、こちらが「そろそろお開きにしてほしいなあ、明日は一〇時に起きなきゃいけないし」とじりじりしはじめるころに、「明日は五時起きでゴルフや」などと言われるのです。だったら早く帰って寝たらいいのにもう、と胸の中でつぶやいてしまいます。

時間は、誰にも一日二四時間しかないのですから、使い方をできるだけ合理化して、あとは人が寝ているときに動く、ということでしょうか。

精神も肉体もタフです。人として高度に進化しておられるのに、すごく原始的というか動物的なところもおありで、シンプルで切り替えが早い。寝る・起きる・食べる・遊ぶみたいな感じです。

目配りが非常にこまやかなのですが、それも動物的なのでしょう。頭ですべてをチェックしてやろうとしてできるものではないでしょうから、いわば直感力だと思うのです。

しかもみなさん、時間は守られます。時間にルーズな方はほとんどいらっしゃいません。「一緒にご飯を食べに行きましょう」というような、お客様が少し遅れて来られてもかまわないようなときでも、きっちりと約束の時間にお越しになります。遅れるときは、必ず「遅れます」という連絡をくださる方が多いです。

すべて人との付き合いを好まれ、大事にされているからおできになるのでしょう。

ご自分のことだけがお好きでご自分の都合を最優先されるなら、こうはいかないかと。

これも成功者とそうでない人との違いの一端かと思います。

！

自分だけが好きで他人が好きでないならば、昇ることとは別なことを考えたほうがいい。

19

昇る男は肌がきれい
沈む男は肌が荒れている

お座敷でお目にかかったお客様は、男性女性を問わずほとんどの方が、肌がおきれいでした。

シミやシワがないということではなく（むしろ女性の方でも加齢によるシワやシミなどはあまり気にされていないようでした）、アレルギーやアトピーなどの肌質の方がいらっしゃらなかったということでもなく、いわゆる大人ニキビのあるような……そういう肌の方はほとんどお見受けしなかったのです。

少なくとも、わたしがお目にかかったお客様はそうでした。

さて、ここからはまったくわたしの独断と想像なのですが、お肌がきれいなのは、栄養のバランスが良いからではないかと思うのです。ご自分の体や脳が欲する食事をきちん摂っておられるからではないかと。

コラーゲンが足りないと肌が荒れる、カルシウムが不足するとイライラしがちになるなどと言われるとおり、栄養のバランスが取れていないと、それが心身に影響するでしょう。もの事を深く考えることにも支障をきたすかもしれません。

成功されていて、お座敷に上がられるお立場にあるような方は、食事と心のバランス調整も、うまくコントロールされているのではないかと勝手に想像するのです。空腹が満たされればいい、好きなものだけを好きなだけ食べるといった食生活はされないでしょう。たえずストレスを抱えることのないよう、気持ちの切り替えもお上手なのでは。

心身の健康管理に留意されているから、お肌がきれいなのだと思います。

さらに付け加えれば、一流の方はいい意味でナルシストでいらっしゃいますから、ご自分が他者からどう見えるかを意識されて、服装、言語、態度はもちろん、お肌の状態にも意識を向けておられるものと思います。

心身の健康を保つことは、成功するに最重要な要件でしょう。健康のリトマス試験紙が、お肌かと。肌が荒れていようがかまわないといった意識は、成功への道を狭めるかもしれません。

食べ物といえば、以前なにかで読んだのですが、ある銀座のクラブのママさんが、「お刺身などについてくるツマを食べる男は出世する」とおっしゃっていました。

あまりに脈絡なく思えて記憶に残っているのですが、いまだにその根拠がたいへん気になります。

!

肌チェックを習慣づける。

20 昇る男は奥様選びが上手　沈む男は奥様選びに問題あり

ご夫婦で見えるお客様もいらっしゃいます。奥様だけが、「今日はわたしだけで来たの」「今日はわたしのお友達をご紹介するわ」と来てくださることもあります。

お客様の奥様方を見て思うのは、こういう奥様だから、ご主人はあそこまで昇り詰められたのだろう、ということです。

お仕事をされていたら、さぞご立派に務めておられるに違いない、と感じる方がたくさんいらっしゃいます。そういう奥様が家庭にいるから、ご主人は存分にお仕事に打ちこめるのでしょう。

成功する男性は、いい奥様と言いますか、いい女性を選んでおられます。

素敵だなと思う奥様は、たとえばこちらが「ご主人、アホなことおっしゃっていますけど、大丈夫ですか？」と心配するようなときでも、「オホホ、ごめんなさいね」くらいで、どこ吹く風の体で聞いておられます。よほどのときは、「そんな冗談ばかり言って」と口をはさまれますけど、「あなた、そういうこと言ってはいけないでしょ！」といった注意は、おうちに帰ってからされるのでしょうか。

ご主人にすがりつこう、ご主人の庇護のもとにいようという感じはまったくなくて、「ほんまはあんたよりわたしのほうがよっぽど強くて賢いんやけど、でも、まあ、したいようにさせてあげましょう」という感じです。

そして、わたしたちには、「いつも主人がありがとうね」みたいなことを言ってくださいます。「この人、横着でしょ、お行儀悪いでしょ、でもわかっていないだけだから、赦してやってね、ごめんなさいね」というフォローも忘れずに。

ご主人の悪口は言われません。「でもね、主人にはいいとこもあるのよ」と、カバーされます。ごく当たり前のことですけれど、ご主人のことを愛し、尊敬していらっしゃるのがよくわかります。

いい妻の条件は、夫を愛し尊敬することに尽きるのではないでしょうか。

そんなこと夫婦だったら当たり前でしょと、若い人は結婚に夢をもっておられるかもしれませんけど、いつまでも夫のことを好きで尊敬しつづけるというのは、そう簡単なことではないのです。そこさえクリアしていたら、多少家の中が散らかっていようが、料理が下手であろうが、いい奥さんだと思います（自己弁護しているようですが）。

男性のみなさんには、「ご自分の能力にいまひとつ自信がなかったら、いい女性をつかまえることです」、と申し上げておきましょう。自分にはどうも一〇〇パーセント切り盛りするだけの能力はない、がんばっても七五パーセントくらいだろうと思われたなら、残りの二五パーセントを奥様にカバーしてもらうようにすればいいのではないでしょうか。

自分一人でのし上がっていく自信があったとしても、奥様選びは大切だと思います。

花街でいちばんこわいのは、「あの人の奥さん、ほんまあれどすよね」です。評判のよろしくない奥様をもたれたら、残念なことになるのでは。

奥様が素敵でいらっしゃる男性は、それだけでイメージがよくなくなります。

! 結婚相手は慎重に選ぶ。

ビジネスマンのための京都花街案内　その一

京都の花街は四〇〇年あまりの歴史をもつ日本の伝統文化です。
その世界をわかりやすくひも解いてみましょう。

◎お座敷の宴は、夕方の五～六時に始まります。

京都花街のお座敷は、一概には申せませんが、おおむね夕方、五～六時からその幕が開きます。その日最初のお席というのは、夕方のご飯をお上がりになって宴席になることが多いので、八時、九時あるいは一〇時までの三～四時間くらいがだいたい一座席です。九時以降の後口《あとくち》になってくると、一時間単位になってきます。もう二次会の席ですから。そこからはお客様がお帰りになられるまで、いていいよと言ってくだされればずっとご一緒させていただいたり、次のお席があれば失礼して次に行くこともあります。

お座敷には基本ラストオーダーといったものはありませんから、遅いときは深夜になることもあります。

わたしたち芸妓は、三件でも四件でも、お声がかかれば寄せていただきますし、ない日もあります。最近は後口が少なくなったとお聞きします。

◎舞妓さんは修練期間中の身なのです。

芸妓が宝塚のタカラジェンヌとすれば、舞妓は音楽学校の学校生のようなものです。まだ学んでいる最中ですから、お座敷に出ても、どうぞお許しくださいという存在です。

舞妓さんとしてデビューするまでにだいたい半年から一年ほど「仕込みさん」として修業し、デビューが決まると「見習いさん」として一か月くらい実地の研修を受けます。

舞妓さんとしてデビューして一年間くらいは、長く垂れ下がる花のかんざし、下唇のみにお紅をさしていますから、新人舞妓は一目でわかります。

こうした段階を経て徐々に一人前になっていきます。

日本舞踊を習得するのは必須で、長唄、小唄、常磐津などの唄や、三味線、太鼓、鼓、笛などの楽器、さらには茶道等。立ち居振る舞いや言葉遣いも学びます。お師匠さんに個人稽古をつけてもらうのと、花街によっては学園を設けていますからそこでも学びます。

わたしも舞妓のころは、いま思えばお花代泥棒だったなというくらい、空気は読めないし、しっかりとお座敷をつとめなければと思っているものの結果としては、何かとんちんかんな、お客様が楽しくも興味もない話をひたすらしていたり、お客様の振ってこられた話に勉強不足で答えられなかったりしたものです。

お座敷に上がり慣れていらっしゃるご年配の方は、それも受け止めて、それもかわいいと思ってくださるのです。一〇年後くらいにお目にかかると、「お前もちょっとはマシになったな」と言っていただいたりします。

◎芸妓になることを「襟替え《えりか》」と申します。

舞妓さんを数年つとめて二〇歳前後になると、「襟替え」をして芸妓さんになります。

舞妓さんは固い赤縮緬のお襟をつけていますが、芸妓さんになるとこれが普通の白いお襟になります。これは「襟替え」と言われ、しきたりとなっています。

このほか、舞妓さんのあいだは自分の髪を結います。それも若い舞妓は、丸い髷の「割れしのぶ」という型で、お姉さん舞妓になると少し落ち着いた「おふく」という型にします。それが芸妓さんになると、かつらを使うようになるのです。

もちろん芸妓になっても、お稽古はずっとつづけます。

芸妓になって年季が明けると、屋方から独立することができます。独立した芸妓さんは、

「自前さん」と呼びます。

年季が明けるまでは屋方に住み込みで働かせていただけるのですけど、六年なり七年で年季が明けて独立すると、自前で住居を借りて自前で家賃などを払うことになります。

その住むところも、お稽古がある日は、お稽古に通って、一度帰ってきて支度してまた出て行って夜帰る……となりますから、歩いて通える距離にいたほうがいいのです。タクシーで行ったり来たりすると、費用と時間が大変ですから。するとどうしても都心部になりますから、お家賃は高い。ちなみに、お昼にお使いに行ったりするときはお洋服を着ますから、お洋服も人並みには持っています。さらに着物があるので、着物部屋も一部屋ほしい。そうなるとワンルームとかではちょっと無理なので、やはりそれなりにお家賃がかかります。

なお、芸妓を辞めるのに、とくに制約はありません。いつでも、自分の意思で辞めることができます。とは言え、お約束した年数（年季）はつとめていただきたいですけれど。

◎お茶屋さんはお座敷のコーディネーターです。

芸妓さんや舞妓さんを呼んで、お座敷をコーディネートするのが、お茶屋さんです。

八坂神社や北野神社の参詣客のためにあった「茶店」が発展してきたものです。

このごろは、お茶屋さんでも、お客様が気軽に入れるホームバーをもつところが増えてきました。ホームバーにも舞妓さん芸妓さんを呼ぶことができます。けれど、踊りを見ることは難しいかと思います。もっぱらおしゃべりを楽しむ場と言っていいでしょう。

◎屋方は芸舞妓の事務所のような存在です。
屋方は、芸舞妓をかかえる芸能事務所のような存在です。舞妓として一人前になるまでの生活費からお稽古の費用、着物代、おこづかいまで、すべて屋方が面倒を見てくれます。ですから、「年季」と呼ばれる期間があるのです。なお、舞妓のあいだは、おこづかい制です。

なお、〝屋方〟の表記は、しばしば「屋形」とされておりますが、本来は〝屋方〟ではないかと、こちらを使わせていただいております。……が、万が一正しくない場合、調べが足りず申し訳ありません。

◎お茶屋さんの浮気は厳禁です。
お茶屋さんのお客様というのは、よその花街はわからないですけれど、先斗町の中で上がっていただく限りは、基本的に最初に上がったお茶屋さんのお客様になります。先斗町に遊びに来られるからには、そのお茶屋さんに来られるしかないわけで、よそのお茶屋さんのお客様になられることはありません。ルールとして、最初に上がったお茶屋さん以外のところに上がってはいけないのです。

お茶屋さんがやっているホームバーなどに行かれて、「僕、ここの女将さんのこと気に入ったから」といって、最初にお座敷に上がったお茶屋さんではないところに出入りしていると、それはもう「お兄さん、こないだほかのお茶屋さんから出て来はりましたよね」などと言われることになります。ですから、お茶屋さんがもっているお客様の数というのは原則、流動しないのです、お客様がお亡くなりにならない限りは。

◎京都の芸舞妓さんは合計三〇〇人くらいでしょうか。

正確にはわかりませんが、ざっと舞妓さんが八〇人くらい、芸妓さんが二〇〇人ほどと言われています。この数は、引退なさったり襟替えしたりで、つねに変動します。

◎お客様は関西の方だけではありません。

お客様の数を数えたことがないものですから……。お茶屋さんによってもまちまちですし。それこそ何十……何百人？　想像もつきません。

頻繁にお見えくださる一部の方は数十名ですが、三年ぶりくらいに九州から来てくださるとか、そんなお客様も含めると数百人になるのでは……。

◎接したお客様は数えきれません。

さて、どれだけの数のお客様にお目にかかったでしょうか。とても数えきれないくらい、です。叙勲をお祝いするパーティーなどですと五〇〇人だとか、数百人規模の宴会になりますから。

もちろん昔はお座敷と言えば、たいがいは四、五人でした。お茶屋さんのお座敷というのは、いちばん大きなお茶屋さんの大きな部屋でもせいぜい二〇人くらいが限界だと思います。けれど、お料理旅館とか、出向というか出張で寄せていただく場合があって、最近はホテルのパーティーにもお呼ばれしたりもします。それだと全員とおしゃべりできるわけではないですけど、お目にかかった人数は五〇〇人くらいといった数になるのです。

そういう場に舞妓が五人くらい寄せていただいて、たまに後でお目にかかって、「僕のこと覚えてる？」「あの先生のさあ、紫綬褒章のパーティーのときに会ったよね」とおっしゃられても、お会いしたかなぁ？　という感じです。申し訳ありません。

◎一見さんはお断りです。

お客様のご職業とかはまったく問いません。一見さんは何があっても絶対にお断りなのですけれど、その代わりお客様がお連れになられて、「僕のお連れやから今日からここで遊ばせてあげて」と紹介されたお客様は、その方がどんなご職業であれ、どんなお人柄であれ、「この人、上げしません」ということは基本ないのです。そこはもう、ご紹介くださるお客様のお考えしだいです。

お会社が傾かれてちょっと……といったことになりますと、昔はご紹介なさったお客様が「僕が払わしてもらう。僕の責任やからね、君のとこに紹介したのは」とおっしゃることもあったそうです。

もちろんお茶屋さんのほうは、「いえ、それはもうお受けしたからにはお客様はうちのお客様ですから、お兄さんにしてもらうことではありません」と申しますけれど、お客様はそれぐらいの責任をもってご紹介くださるわけですから、〝否〟はなく、お受けします。

それにご紹介くださる方が、「この人、僕の昔からの知り合いで、誰だれ君って言って、いまこういうことをしてる」と言われますし、新規でお見えくださった方は、たいがいお名刺とかくださいます。ですからそんなに胡散臭い、「仕事？　聞かんといてください」みたいなお客様はまずおられません。

第2章
お客様から教わった「昇る男」の仕事術

21

昇る男は手を抜かない
沈む男は要領よく手を抜こうとする

成功に、近道はないはずです。職種や立場にかかわりなく、いま自分に与えられたことを真面目にやっていく。すごく当たり前のことですが、それが成功するための唯一の要諦ではないかと思います。

けれど、それを実践している人は、少ないのではないでしょうか。

たとえばここに社員が五人いて、机があって、お互いに隣の机はのぞけないとします。で、上司が「外回りに行ってくる。三時には帰ってくるから」と言って出かけたら、二時半までパソコンでゲームをしたことが一回もないかどうか。まあ、一、二回はあるのではないでしょうか。「自分はただの一度も手を抜いたことはない。いつも与えられた以上に仕事をしている」と言い切る人はそういないだろうと思うのです。

ところが、成功している人は、そういうことを、ほとんどしていないのです。二時半から画面を切り替えて仕事をしていたら、それまでゲームをしていてもバレないと部下は思っているかもしれませんが、上司にはそれがわかるものです。

わたしは子どもを産んでいませんので、母親の気持ちは想像するしかありません。お母さんって大変だよねと言っても、ほんとうに大変なのか、どう大変なのかはわかりません。けれど、自分が子どもだった時代はありますから、子どものことはわかります。母親になったことはなくても、子どもの嘘はわかります。

すごく上手に隠したのに、母親に「あれ、どこにいっただろう、ここにあったのに」みたいなことを言われ、「あんた知らんか？　あんたやろ！」と怒られたことがあります。「なんでバレたんやろ？」と不思議だったのですけど、自分もきた道ですから、子どものやっていることなんか母親はお見通しです。それと同じです。

上司に引き上げてもらって会社の中で地位を確立していくのが成功への一つの道筋だとすれば、まず上司に引き立ててもらわなければなりませんから、怠けてはいけないでしょう。指摘されないからバレていないとは思わないでください。

やはり仕事は真面目にしなければダメなのです。たとえ誰も見ていなくても、自分が見ていますし。

目の前にある小さなことを、きちんとやらなければならないと思います。小さいことを軽んじる人間は、大きいこともできないはずです。

与えられた仕事について、「オレみたいに才能のある人間に、こんな小さいこと任せやがって」と思うことがあったとしても、その仕事がおまえにとって小さいかどうかは、おまえが決めることと違うんじゃ！　ということです（乱暴な言葉遣いになってすみません）。

手を抜いて、要領のよさだけで成功されたお客様にお会いしたことはございません。

誰が見ていてもいなくても、仕事が大きくても小さくても、目の前のことを懸命にやる。

22

昇る男は上司に可愛がられる
沈む男は自分の力だけで出世を求める

お客様が部下の方をお連れになったときに感じるのは、やはり連れてくるのにふさわしい方を選んでおられるなということです。連れてこられたものの、場に不似合な方や、おもしろくなさそうな顔をされている部下の方は、まずいらっしゃいません。

「あれっ？　それは上司の方にちょっと失礼なのでは？」と、こちらがヒヤリとする口のききかたをされる方も、中にはいらっしゃいますが、でも、それは上司の方がそういうところもお気に入りであることを十分に理解し、ぎりぎりセーフのラインを踏まえて言っておられるようです。そこはもう、上司の方との相性なのでしょう。

「あいつ、仕事はろくにできないくせに、上司に可愛がられて抜擢されやがった」

サラリーマン社会の定番発言のようですが、これは勘違い発言ではないでしょうか。

上司に可愛がられるのは、まぎれもなく才能であり、実力だと思います。

書類をまとめるのが早いとか、計算力に長けているとか、そういったことばかりが能力評価につながるとは思えません。書類づくりや計算は、機械でもできますから。

仕事は人と人との関係で成り立っていますから、いくら書類を早くまとめる能力が高くても、こいつを人に会わせるには人格に問題があるなと疑問符のつく人よりは、コミュニケーション力の高い人のほうが高く評価されるでしょう。

ですから成功されている方は、たとえ横着な口をきいていても、ガハハという態度を取っていても、いい意味で常識人だと思います。はみ出ているようでも、破天荒なイメージであっても、常識の枠をご自分で踏まえながらはみ出ておられるようです。

加えて、成功されている方は、何事も言い切られます。お客様がお話しされるのを聞いていて強く感じる傾向です。「これは、こうだ！」と明確におっしゃいます。

それも「こうに決まっている！」というような傲慢な言い切り方ではなく、「わたしはこう信じている」という感じです。

ご自分の意見の根幹となるお考えをしっかりとおもちですから、おっしゃることに一貫性があるのですが、といって頑なわけではなく、たとえば「以前はまったく違うことを言ったけれど、これだけ時代が変わってきたからには考えを改めなければいけないな」と素直に口にされます。時代にそぐわないと感じ取ったら、素早く切り替えられます。変化適応力というのでしょうか、時代の変化に対応しながらご自分の見解を強固におもちです。

おそらく、もとからそういう性格だったわけではないのでしょうが、こういう人間になりたい、こういう地位に昇りたいと、尊敬する上司や先輩から教わるたびに「なるほど！」と気づかれ、修正をかさねて自分を確立してこられたのでしょう。「聞く耳」をおもちなのです。人の意見をよくお聞きになります。ご自分の考えに固執されて、ほかの考え方ははねつけるということはされません。すぐれた常識人であるからできることでしょう。

上司に可愛がられるにも、人の意見によく耳を傾けて、そのうえで自分を確立するというきわめて当たり前のことの積み重ねが大切なように思います。自分の考えや能力を過大に評価していると、可愛がられない存在への道に進むことになられるのでは。

！

人の意見は素直に聞いて、他人に可愛がられる人になる。

23

昇る男は「こうしたらいい」と改善策を示す
沈む男は「こうしたらダメ」と否定する

お客様に教わったことは、たくさんあります。

すごく細かいことですと、お箸の持ち方とか。

わたしのお箸の持ち方が間違っていたわけではなかったのですけど、お料理屋さんではお家で使うお箸よりもかなり長いお箸が出てくることがあるものですから、どこらへんを持つのかわからなくて、通常のお箸を持つくらいのところを持っていました。すると、「舞妓ちゃん、もうちょっと先を持ちなさいよ」とお客様が教えてくださったのです。全体のバランスを見て持つといいよと。

あるいは、「手で受けんときよ」とか。

お行儀良くしようと、食べものに手を添えて口に運ぶ人がいますが、「それはお行儀の悪いことなんやで」って。「和食は器を持ったらいいんやから」と教えていただいたこともあります。

たくさんの人の上に立っておられるお客様の教え方というのは、共通して、アカンとかダメだとは言われないのです。

「そんな持ち方したらアカンで」「こんなことしたらダメやで」「手で受けるんじゃなくて、このときは、お箸のもうちょっとこっちを持ったらええねん」ではなくて、「そういうと器ごと持ったらええねん」と、こうしたらええねん、という言い方なのです。

否定的な言葉は使わずに、「こうすればいい」と改善策を示されます。

ですから叱られた感はなくて、ほんとうに素直に、「ええこと教えてもろた！」という感じになります。アカン、ダメと言われても、なにがどうアカンのかわからないから、直せません。こうしたらいいよ、と教えてもらうとありがたいのです。

話を聞いてくださるときもそうです。まったくお考えと違うことをわたしが言っても、「ふん、そうやな」とワンクッションおかれて、「そうは思わへん」とはおっしゃらず、「そやなあ、ただ、わしはこういうふうに思う」とか「こういう考えもあるやんな」って。

「それはちゃうわ！」とは絶対におっしゃいません。

おそらく柔軟な発想がおありだから、そういうやり方も考え方もあるよなと、ほんとうに思ってらっしゃるのでしょう。そのうえで、より良いやり方を示されます。

「それはあかん」と否定されるだけでは、相手を傷つけるばかりで、もの事が改善されません。

こういうことも、昇る・沈むの違いにつながるような気がします。

! 上から目線のダメ出しは、言い方を変えれば喜ばれる。

24

昇る男は曖昧さを認める
沈む男は白か黒かにこだわる

高い地位に就いておられる方は、自分と違う意見・発想があって当然だとわかっているようです。とくに部下が何十人何百人といらっしゃれば、日常的にイヤというほど自分と違うものの見方・考え方があることを感じておられるでしょうから、それをわきまえて対応されるように感じます。

芸妓さんの姉さん方の中には、「あんたそれはおかしいわ！」みたいなことを言われる方もいるのですけど、わたしたちは閉鎖された単一的な価値観の中で育てられていますから、そこからちょっと外れると、「それはちゃう」「それはおかしい！」となるのでしょう。

会社の社長さんなどは、頭ごなしに否定されることはありません。

「ああ、おまえの言っていることはおもしろいな」「なるほど、そういう発想があるのか」

といった調子で、いまわたしがこの歳で考えたら極端すぎると思えるような意見でも、「そうかあ、そやな、わしはこう思うてたけどな」と、極端だけど間違っているわけではないと受け止めてくださいます。かえっておっしゃることに納得できます。

よく、日本人は曖昧なものの言い方をする、もっとイエス・ノーをはっきりすべきだと、外国の方から指摘されます。

けれど、外国の方からイエス・ノーをはっきり「言えよ！」と言われて言うようにするのは、それ自体がイエス・ノーを言えていないのではないでしょうか。

ほんとうにイエス・ノーをはっきりと表明するのなら、まずそこで「ノー」と言えばいいはずです。日本には、やわらかく受け答えする文化があって、それが日本の美風でもある、あなたたちとは歴史も文化も違うのだから、わたしたちは何でもはっきりと言葉にすることはしません。そう言うのが、ほんとうのノーだと思うのです。

わたしたちがお客様に対してぴしゃりと「ノー」という拒絶のしかたをしたら、おそらく気分を害されるでしょう。お気に障らないように、やんわりとお断りするほうがお互いによろしいのでは。

国際的な交流は大事ですけど、グローバル化というのは、何でも右に倣えではないはずです。「あんたらがこっちに歩み寄ってもバチは当たらへんねんで」と思います。

何ごとも自分のやり方に合わせろと相手に求めるのは、傲慢です。

「いやいや、わたしは、まあまあとやってここまでそう喧嘩もせずにきたのですから、これからも、まあまあとやっていくのがいいと思います。そこはやんわりと言いたいです」という答えもよろしいのではないでしょうか。

やんわりと対応するしなやかさが強さであって、もの事を直截的に白か黒かでしかとらえられないのは、器量が小さいことになるのではないでしょうか。

!
白黒はっきりさせることが、いつも正解とは限らない。

25

昇る男は新しい知識に貪欲
沈む男は新しいことを拒絶する

一代で成功された方は、学歴が高い方に限られるわけではありません。一回ぐらい留年しているとか、落ちてからがんばったという方も、もちろんいらっしゃいます。

こういう方たちは、すごく前向きで、好奇心が強くて、いろんなことを勉強しておられます。その勉強が何につながるのか、定かにはわかっていないけれど、ともかく興味があるから取り組んでみた。すると視野が広がった。そしてさらに興味の幅を広げられた。そうして成功に至られたケースも多いようです。

すぐれた能力をおもちなのでしょうが、ズバ抜けて知能指数が高いとか、そういうことではないようです。このおっさんアホちゃう?（失礼！）というような方も、成功者であるお客様の中に、たまにいらっしゃいますから（アホに見えるだけ?）。

誰しも、人生にはターニングポイントのようなものが何回かあって、いいお話がもたらされるときがあるはずです。そのとき、そのお話に見合うだけの能力が自分に備わっていれば、当然話に乗っていけます。自分がそれを受けるだけの器でなければ、「あ、無理ですわ」となってしまうでしょう。

それを運が悪いとか、自分はもっといい人生を歩めていたはずなのに、などと嘆くのは間違っていると思います。仮にわたしが運命の神様だったら、「あのとき、あんなにおいしい話があっただろ。お前がもう少しいろんなことを勉強していたら、あの話を自分のものにできたんだぞ」と言ってやります。

成功された方は、いい話を必ずと言っていいほど、ものにしておられます。それに見合うだけの蓄積をされていたのでしょう。

幸運の女神の前髪をつかむ力量を備えておられたということです。

どんないい話が、いつ来るかはわかりません。たとえばずっとスポーツをしてきて、スポーツで大学に入り、就職もスポーツでいい会社に入ったけれど、あるときまったく畑違いの話を振られた。そのようなときにどうするかです。

やる気、そこそこの知能、その分野への興味、新しい仕事に取り組む情熱といったものがあれば、受けることができるでしょう。何か一つでもあれば飛び込めるはずです。

いつどこからどういう話がきても、それに答えられるだけのものを吸収しておくのです。成功されている方は、それをしてこられたのだと思います。

新しい知識を吸収することに抵抗がなく、むしろ貪欲であることが昇っていくための一つの要素と言えるのではないでしょうか。

人は、新しいことについて「新規恐怖」という意識をもつのだそうですが、恐怖を覚えても尻込みせずに、好奇心を旺盛にしていくことが大切だと感じます。


!

いつ「いい話」が舞い込んできても、受け止められる心の準備をしておく。

26 昇る男はおしゃべりだけど口が堅い 沈む男はただただ口が軽い

成功されている方は、共通してお口が堅いと言ってよいでしょう。お口が軽いなと、お客様について思うことはまずありません。

いろんなことをお話になっていても、わたしたちに聞かせてもいい範疇のことを口にされているのだろうと思います。

「いやぁ、ベラベラよくしゃべったなあ、どうしよう」とおっしゃりながらも、わたしたちが驚くような、聞いてはいけないことは、絶対におっしゃっていないだろうなと感じることがあります。そのあたりの線引きみたいなものは、じつにきっちりされています。

やがて沈んでいかれる方は、ついつい迂闊にしゃべってしまわれるタイプだと言ってもいいのかもしれません。

お客様がお話しになる内容を聞いて、わたしたちがそれをほかの方に漏らすようなことはもちろんありません。誓って申します。そこを信用いただけているからこそ、お客様に心置きなく楽しい時間を過ごしていただけるのだと重々承知しています。

とはいえ、姉さん方はいろんなところから、いろんなお話を聞いていらっしゃいますから、「え、いまおっしゃったお会社って……。たしかあのお客様、いまお名前の出たお会社と取引きしてはるっていつか言うてはったけど、よろしいのかしら」と頭の中でつながっていくことは、あるようです（もちろん口には出しません）。そして、〝あのお客様〟がやがてバタッと来られなくなる、といったことも……。

芸妓衆に愛されているお客様には、芸妓衆のほうが逆にポロッと口を滑らすこともあります（なきにしもあらず程度ですが）。

よそで聞いたお話は絶対にしてはいけないことですから、当然口外しませんが、世間話として、「あっ、言っちゃった」程度に、たとえば「どっかで聞いたけど、あのお会社、いまちょっとよろしくないのと違いましたっけ？」と口にしてしまって、お客様が「ん？」という顔をされると、「あ、まちごうてるかもしれへん」みたいなことです（それも滅多にないことですが）。

賢明なお客様は、それだけでピンとこられるでしょう。花街にいらっしゃることで、こういった情報をもとに、人間関係を円滑に回していかれるとか、ちょっとした危機を回避なさるといったこともおありかと思います。

楽しくお話をされて愉快な時間を過ごされる、けれど漏らしてはいけないことは口にされないのが成功された方。情報について脇が甘いのが沈む方。こういう印象をもっています。

!

口は堅く。しゃべっていいこと、まずいこと、情報の選別をきちんとする。判断に迷うことは話さない。

27

昇る男は情報感度が高い
沈む男は無知で損をしていることに気づかない

わたしたち芸舞妓の世界には、接客マニュアルの類はありません。

お母さん、姉さんに教えてもらうことはあるにはあるのですけど、基本、「教えることは何もない」と言われます。「そんなん、お客さんごとやんかいさぁ」なのです。

もう何年もやっているのだから、どんなお客様でもどんとこい！　とたかをくくっていたら思いもかけずご機嫌を損ねてしまったとか、開き直ってやったらすごくご贔屓にあずかるようになったとか、そういうこともあります。

野球と政治の話はしてはいけないと、接客の心得として言われますが、お客様の好みを見抜いて話をしたら、「こんなにプロ野球の話ができる芸妓がおるなんて」と盛り上がるかもしれませんし、「これからの芸妓には政治の知識も必要や」とご贔屓にあずかるかもしれません。

わたしたちは、新聞と主な歴史小説は読んどかなアカンとは言われます。

後輩にそう言っていつも新聞をちゃんと読んでいるはずの姉さんのお客様が、ある出版社の社長さんをお連れになりました。大事なお客様です。新聞広告でもよくお名前をお見かけする出版社なのですが、その姉さんは会社のお名前すら知らなかったものですから、社長さんはご機嫌斜めに。ご自分の会社をとても愛していらっしゃるオーナー社長さんですから、無理もありません。

芸妓のあまりの無知さに、せっかくの宴会が白けてしまっていました。

後口（二次会）から入ったわたしは、姉さんから「こちら出版社の社長さん」と紹介されるや、「えぇー！　あの本、すごくおもしろいですよね！」と叫びました。するとたちまちご機嫌をなおされて、「きみ、東京に来たら電話して。僕がフレンチのレストランに連れて行くから、絶対にね！」とお名刺をいただきました。姉さんからも後日、「こないだはほんま助かったえ」と言っていただきました。

わたしは、新聞を読んでもすぐに抜けていくのであまり読みません。ちょっと風変わりでトンチンカンだと言われていたのですが、ステレオタイプな芸妓ばかり揃えておけばいいというものでもないなと実感しました。異端の芸妓も必要ということでしょう。

もっとも、時事問題について「どう思う?」と聞かれたときに一応の受け答えができるように、あるいはお客様が、社長に就任されたら、「お兄さん、社長さんにならはったそうで」とお祝いを申し上げるべきですから、やはり新聞には目をとおしておくべきだとは思います。

基礎的な知識と情報は必要です。それに加えて、特異な分野でもいいので、自分が得意とする知識や技能をもっておくとよいようです。

このことは、言うまでもなく、皆様が昇っていかれるうえでも同じかと思います。


!


得意なジャンルの情報は徹底的に。

不得手なジャンルもスルーはしない。

28
昇る男は明るい言葉を使う 沈む男は「でも」「だって」「どうせ」と言う

出世された方に共通する傾向の一つは、否定的な言葉をほとんど使われないということです。

わたしが個人的に出世しないだろうなと思うのは、「でも」「だって」「どうせ」の否定三大語をやたらと使う人です。

わたしの知り合いがやっている会社に、三〇代半ばの男性が二人います。そのうちの一人が、女性の専売特許みたいな「だって」をよく口にします。

間違っていると思うことに対して「だってそうは思わない」などと言うのであればまったく問題ないのですけど、「今日、雨が降ったらいやだなあ」と言ったら、「そうですね」で終わらせればいいのに、「だって、しょうがないじゃないですか、降るんだから」といった調子。普段はバイク通勤しているのに、電車できていたから、「あ、今日電車なの？」と聞くと、「だって、今日雨降りそうじゃないですか」等々……。その「だって」いる？

その男性、仕事はできるのです。人柄も悪くない。やさしいところもあります。ほかに困ったところがあるわけではありません。

もう一人の一歳くらいしか歳の違わない男性と比べても、人間性は「だって」のほうがいい。もう一人のほうが腹黒いだろうと思うのですけど、仮にわたしがその二人を使う立場だったとして、もしも何かのプロジェクトに一人を抜擢するとなれば、「だって」は選ばないだろうと思うのです。年齢も能力も体力も、すべてにおいてまったく同程度で、ただ一つ、こういう言葉遣いをするかしないかというだけの理由で、この男性は使わないでしょう。

こちらもネガティブになってくるからです。

会社の中で、自分と同程度の能力、あるいはどう考えても仕事の能力は自分より劣る人間が先に出世しているようなことが、もしあるとすれば、原因はそういうところにあるのではないでしょうか。

!

「でも」「だって」「どうせ」は封印する。

「あいつは上司にうまく取り入って、可愛いがられているから出世が早い」と口にする人がいますが、上司に気に入ってもらうのも能力のうちでしょう。

なんでオレはあいつより出世が遅いのだろう、何がいけないのだろうというとき、案外こういうことが理由なのかもしれません。

営業成績が悪ければ、「お前どんな売り方をしているんだ?」と怒ることができます。言葉遣いも、「ちわす」「そっすね」は指摘できます。

けれど、「でも」「だって」「どうせ」は、上司もなかなか注意しづらいものです。ご注意ください。

29

昇る男は数字にならない能力にすぐれている
沈む男は評価される能力を勘違いしている

「宴会部長」という言葉があるように、宴会の仕切りがお上手で、それで地位を得られた方もおられるとすれば、それも能力の一つではないかと思います。

会長がすごく気難しい方で、クセがあって、ワンマンで、でも経営能力は抜群に高い。副社長の息子さんと、ものすごい軋轢がある。その緩衝材として社長になられたというような方もおられるのではないでしょうか。

周囲は、「あの人、社長の器ではないけど、でも社長になって困るほどの無能でもないし」ととらえがちですが、仮にお人柄だけで抜擢されたとしても、その方が社長としてあいだに入られることによって、会長と副社長とのラインが上手くつながって会社が円満にいくのであれば、それも能力でしょう。

業績を伸ばしたとか、そういった数字で示すことのできる能力以外の能力というものも、絶対にあると思うのです。

その種の能力の一つが、言葉遣いではないかと思います。

こいつの口のきき方は取引先の人に嫌悪感を与えるなと思ったら、それだけでその人を使いたくないものです。さわやかに「そうですね」「なるほど」と受け答えするような人であれば、能力的にはやや落ちるとしても、こいつを行かせたほうがいいと判断して引き立てるでしょう。

小説家さんや漫画家さんであれば、多少クセのある方もいらっしゃるかもしれませんが、企業の中で上に立つ人というのは、最初からその立場にいらしたわけではなく、少なからず上に引き上げられて地位を得られたはずです。

成功している人というのは、言葉の遣い方や選び方ができていたということでしょう。

お座敷に上がられるお客様で、言葉遣いに難がある方は、あまりお見かけしません。

たしか高校の先生でしたか、「夏休みといっても、お忙しいのですね」とお声かけしたところ、「いや、まあ、忙しいといえば忙しいのだけどもね」と返された方がいらっしゃいました。「いや、それほど忙しくないよ」の「いや」であればいいのですが、「いや、まあ、忙しいといえば忙しい……」のなら、「うん、忙しい」といったお答えでいいのではないでしょうか。

ちょっとシニカルなものの言い方をするのがインテリっぽいと思っておられるかもしれませんが、なにか小賢しく感じられます。「うん」とか「ふん」よりも、「いや」と言ったほうが重みがあるように思われるのでしょうか。

言葉には、人柄が出るようです。数字では示すことができないものですが、大切な能力だと思います。さわやかな受け答えをお心がけください。

!

さわやかな受け答えは、実力を倍増しに見せてくれる。

30

昇る男は肩書に振り回されない
沈む男は相手の肩書で態度を変える

微妙な言葉遣いや、笑い方、叱り方は、マニュアル化しようがありません。

わたしは、言葉遣いだけはまあまあ美しいと言っていただいていました。姉さん方にも「あんたの言葉遣いは行き届いてる」と褒めていただいていたのですけど、お客様によっては、あえて乱暴な言葉遣いもしていました。

自分で言うのもおかしいのですが、わたしのことを大のお気に入りでいてくださるお客様がおられました。後輩の子をいっしょに呼んでくださるような方でした。

その方には、「どの口が抜かしとんねん、このお客わぁ」というような乱暴な言葉遣いをすることもありました。

すると、後輩の子がある日、「ほんまにお兄さん、なに抜かしとんねん」みたいなことを口にしたのです。「あんたはアカン！」と、たしなめました。

「姉さんかってやってるじゃないですか」と言うのですけど、「あれはな、わたしのキャラと、普段の美しい言葉遣い、行き届いた所作と気品があって、なおかつお客さんがわたしのことを愛してくれてはって、そのわたしやから許されるんや。あんたはやったらアカン！」と冗句をまじえて諭しましたが、理解されたかどうか……。

いま思えばお手本となるべき立場での乱暴な言葉遣い、わたしも反省すべき出来事です。

「あのお客さん、そういう言われ方がお好きなんかと思いまして」というのが後輩の思いだったのですが、そのときはお客様もわたしも固まりました。

わたしが言ったなら、「お前は口が悪いのぉ」と喜ばれるお客様ですが、同じことをほかの子がして許されるものではないのです。

わたしがあえて乱暴な言葉遣いをするのは、お客様の肩書などに応じて接しているものではないことの意思表示でした。世間では泣く子も黙るような方と見られているお客様に、親しさを感じているからこその表現です。

芸妓さんによっては、お客様の肩書によって態度を変える人もいるかもしれませんし、二度と見えないお客様だろうとなれば適当にあしらう人もいるようです。でも、ほとんどの芸妓さんは、お客様のおっしゃることに、「わぁ、お兄さんすごい」「なるほど」と応じても、そこにカッコつきで、（さすが大企業の会長さんだけあって、言われることが違うわぁ）という言外の意味は込めません。肩書に、迎合も拒絶もしないのです。それだけに、お座敷ではお客様その人の魅力が問われます。

肩書が通用しない、人としての真価が問われる世界で、果たして人望を集めることができる存在なのかどうか、ご自分に問われてみるのもよいのではないでしょうか。

肩書を振りかざす方は、肩書におもねる意識もおもちでしょう。そういう振る舞いは誰が見ても昇るお姿につながるものではないように思います。

!

会社の看板も肩書もないフィールドで人として通用するか。つねに意識しておく。

31

昇る男は記憶上手
沈む男は忘れっぽい

成功された方の多くは、貪欲に何かを取り入れようという気持ちや好奇心といったものが強いように思うのですが、その象徴の一つが記憶力のよさです。

先日、かつてのお客様に、ほぼ一〇年ぶりにお目にかかりました。わたしは芸妓を辞めて一〇年以上になります。以前、あるお茶屋さんに人手が足りず、手伝いに寄せていただいたことがあるのですが、そのお茶屋さんのお客様、会社の会長さんです。

きれいに遊んでくださる方で、大きい宴会や接待もされますので、その折に何回か呼んでもらったことがある程度のご縁でした。ごはんを食べに連れて行っていただくとか、お洋服で遊びに連れて行ってもらうほどのご贔屓ではありませんでしたから、わたしのことは芸妓姿を目にされた程度です。

にもかかわらず、お茶をお出しし、お話の相手をさせていただいているうちに、「君、昔出てたか?」と。口調で思い出されたのでしょうか。「もうだいぶ昔です」と申し上げると、名前まで思い出してくださいました。

京都の五花街を合わせたら、この一〇年で会長さんが目にされた芸妓さんはかなりの数になるはずです。なぜ覚えてくださっていたのか、不思議でした。そんなにわたしのキャラが濃かったわけではないと思いますし。

おそらく、見たものを、見たままに覚えておられるのだと思うのです。

うちの主人なんて、かつて観た映画すら覚えていません。えらく熱心に観ているので、「なあなあ、あんたなんで三回も同じもん観られんの?」と聞くと、「え、オレこれ観た?」という調子で、「犯人教えてあげよっか?」とからかうくらいです。

それとは対照的に、こまかなことまで長く記憶に留めておられるのです。

昔の人は、よく音読をしたそうです。声に出して読むと、なぜか頭に入りやすいと教わったことがあります。音読と同じように、目にされたものを、そっくり脳裏に焼きつけておられるのでしょう。努めてそうされるのか、もって生まれた能力なのかはわかりませんが、何かを常に意識し観察しておられるからできることだと思います。

「一昨日、何食べた?」と聞かれても思い出せないけれど、友達と食事に行った日であればそれを手がかりに思い出せます。見ても、読んでも、しゃべっても、なにか手がかりを見出されて、全体像を記憶に残されるのかもしれません。

いずれにしましても、久しぶりにお会いしたときに、「あ、君いっぺん会うたな」とお声かけいただくと、とても嬉しいものです。

人を嬉しくさせるのも、成功の秘訣かと思います。記憶上手は、成功につながるでしょう。ご縁のあった方などをすぐに忘れてしまう方は、それはそれでいい面もあるかとは思いますが、成功につながるかどうかは疑問です。

一度会った人のことを覚える。

32

昇る男は成功するまでやり抜く 沈む男は迷って途中でやめる

成功された方はたいてい、ご自分のポリシーといったものをしっかりとおもちです。

たとえば仮に二つの選択肢があった場合、必ず難しいほうを選ばれるといったご自分なりの方針です。

お客様がお座敷で、わたしたち芸舞妓相手に、お仕事のことやご自分の人生がどうだったというようなお話をされることは滅多にないのですが、ときにフッと語ってくださることがあります。

どう考えてもこっちを選んだほうがラクだった、普通ならこっちだったのだけど、あえて難しいほうを選んだ、その結果として……といったお話です。

「迷ったら、どちらかに決めればいい。迷うということは、確率が五対五か六対四だから。

七対三だったら迷わない。つまり迷うのは、どちらにも可能性があるということ。だからとにかくどちらかを選べばいい。そして選んだ以上は、選んだ道で成功するように全力を尽くすことだ」というお考えをうかがったこともあります。

いつまでも迷わず、選ぶ。選んだら、もうあとを振り返らず前を向いて、自分が選んだ道を成功に至るまでやり抜けばいい。これも成功への一つの道筋でしょう。

わたし自身も、なぜ芸舞妓になる道を選んだのか、自分でも正直よくわからないものですから、このお話がとりわけ印象に残っているのかもしれません。

わたしは、これまで迷ったということがありませんし、選んだこともありません。

迷っても選んでも、結局、どっちがよかったのか悪かったのかは、わからないものではないでしょうか。それに、人生、後戻りはできないのですから、あのときこっちを選んでいればと後悔してもしかたありません。

いまここにいるからには、全力で前に進むしかない、そう覚悟して、勢いで足を踏み入れた道で自分なりに常にベストを尽くしてきたつもりです。その自負はあります。やりたいことはやりました。やりたくないと思ったらやめてきました。

でも、タイムマシンがあったら、舞妓時代の自分に言ってやりたいことがたくさんあります。あんた、もうちょっと成功する秘訣があったでしょうに、と。
わたしはまだまだ達観できていないようですが、その道で昇っておられる方は、この道を進むと決めたら、成功するまでとことん前に向かって歩まれます。もちろん並大抵ではない努力もされるのでしょう。くじけそうになる気持ちを支える強い覚悟もおもちのようです。
迷う方は、どの道を選択されても、なかなか昇れないのではないでしょうか。そう簡単に成功に到達する道は、この世の中にないでしょうから。

!

迷わず、選ぶ。選んだら振り返らずに進む。

33
昇る男は群れない
沈む男は群れたがる

お客様と世間話のような調子で、ご意見を求めるでもなくお話をしているときに、ポンと膝を打つような答えが返ってくることがあります。

それは、お客様の多くは組織や部門の上に立つお立場で、自主独立のお考えをおもちだからではないかと思います。

「孤高」と言えば大げさな表現かもしれませんが、上に立っておられる方は、人と群れることがあまりないようですし、また、好まれないようにお見受けします。これも成功する方の特徴の一つかと。

芸妓も、群れることがあまりありません。一人ひとりが独立している個人事業者と申しますか、フリーランスのような、自主独立の立場にあるからでしょうか。芸妓にとって当意即妙のお答えが得られるのは、思えば立場が似通っているからかもしれません。
男性社会で男性と同じ立場で働いている女性は脳の一部が男性化する、という説を本で読んだことがあるのですが、芸妓もそうなのかもしれません。芸妓の社会はもちろん女性ばかりなのですけれど、お相手するお客様のほとんどが男性だからでしょうか、ものの考え方などがとても男性に近いように感じます。

変な話、いまどきは女性が浮気をし、女性が出会い系サイトのようなところにはいっていくようになっているようですが、ひと昔前までは浮気といえば男性のするもの、しかも男の甲斐性だなどと言われていたものです。それと同じように芸妓の社会でも、旦那さん（スポンサーのような存在）が二人三人いるのはむしろ甲斐性とされているようなところがあったとのことです（かなり過去形です）。

いけず（いじわる）はあるのですけど、いじめはありません（少なくともわたしの知るかぎり）。姉さんにいけずをされても、それは一対一です。いじめは、集団です。グループ何人かで寄ってたかって一人をいじめます。芸妓のあいだに、それはまずないのです。

たとえば仲のいい子同士で、「わたしあの子、大嫌いやねん」と好き嫌いや悪口をいくらおしゃべりしていても、「あんたもあの子、無視してな」ということはないのです。「あの子、ほんまムカつくわぁ」と言っても、「あ、そうなん、ほなわたしも無視したろか」とはなりません。「え、わたしあの子、好きやで」で終わります。

芸妓の社会は上下関係が厳しくて、姉さんには絶対に逆らってはいけないのですけど、姉さんが「わたしあの子嫌いやから、あんたらもやりよし」ということもないです。

男性はまさにそうでしょう。部長が、あの新人の社員が気に入らないからと、課長や係長に、「お前らもいじめとけよ」と言われることはないかと。絶対にとは申せませんが。人の意見に引きずられない、安易に人に頼らない、というのが上に立つ人の一つの特徴のような気がするのです。

自分をその中に埋没させるかのように群れたがる男性は、上に立つにふさわしくないように思います。群れるのは、群れることで自分の身を守ろうとするからでしょう。群れたがる志向の持ち主が、人の上に立てるはずはないでしょうから。

！

群れたところで自分の身は守れない。昇りたいと思うならば孤高であれ。

34

昇る男は仕事の愚痴をこぼさない
沈む男は仕事のいい面を見ない

お座敷でお仕事の愚痴をこぼすお客様というのは、ほとんどお見かけしません。

皆様、それぞれにある程度の地位や立場を築いていらっしゃるからでしょうが、何よりも、お仕事がお好きだからではないかと思います。

お仕事で伸びていこう、成功しようとすれば、やはりそのお仕事が「好き」であることがいちばんの基本になるでしょう。

「自分がやりたい仕事に就けなかった」と言われる若い方がおられるのは重々承知しています。世の中には、希望する仕事に就いておられる方のほうが、むしろ少ないかと。

けれど、たとえ好きで入った会社ではなく、志望したところに軒並み落とされて、やむなく入った会社であったとしても、そこでの仕事に何がしかのやりがいや喜びは必ず見つけ出せるはずです。何も喜びのない仕事というものはないでしょう。楽しいことばかりの仕事もないのですから。

成功された方は、ご自分のお仕事にやりがいや喜びを見出すことができる方なのだと思います。それが、会社やお仕事に対する愚痴をおっしゃらない、いちばんの理由でしょう。たとえば会長の秘書の方が、大変だとおっしゃることはあります。「ほんまにクセが強いからな、うちの会長は」とか、そういうことは口にされるのですが、根底では会長のことを愛していらっしゃるのだなと感じ取れます。

もともと会長のことを愛されていたから秘書になられたわけではないでしょう。秘書になったからには、会長のいいところ、愛すべきところを見出し、好きになられ、尊敬されているのだと思います。あるいは、会社や自分の部署がお好きなのかもしれません。

どの会社にも、どの職場にも仕事にも、いいところ、イヤなところがあるものでしょう。わたしは、自分が好きだとするところというのは、嫌いなところと、等分くらいにしかないと思っています。好きになるか嫌いになるかは、そのどちらに、より目がいくかだと思うのです。

食べものでも、「おいしいけど高いよね」ととらえるのと、「高いけどそれだけの値打ちがあるおいしさだよね」ととらえるのでは、まったく評価が違ってきます。それと同じで、みなさん、仕事や職場に不満はあるけれども、ここは好き、ここがいい、というものをご自分の脳みその中にもっているようです。こんないいとこもあるやん、と。あるいは、悪いことは見ない、考えないようにされているのかもしれません。

いずれにしても、いいところを見出して、ご自分の仕事を好きでいらっしゃる方が、お客様を通じて思う、成功者の一つの条件のような気がします。

その仕事が好きでなければ、成功できようはずがないように思われます。

「好きな仕事に就く」のではなく「就いた仕事を好きになる」ほうが成功は早い。

35

昇る男は周囲の人と空気に目を配る
沈む男は周囲を見ずに自分を誇示する

お座敷に部下の方をお連れになるお客様も、もちろんいらっしゃいます。

中小企業の経営者の方が部下を一〇人くらい連れてこられて、「今日はもう無礼講で」とおっしゃるような場合。みなさんの距離が近いからだと思うのですけど、「こういうときじゃないと言えへんけど、おまえな……」みたいなお話をされることがあります。

それはそれで素敵な光景です。

ただ、たいていは、お連れになった部下の方に、お座敷でお説教や指導めいた話をされるといったことはほとんどありません。

もちろん人によりけりなのですけれども、とくに大きな会社の方ですと、お連れの方もそれなりの地位に就いておられますから、もう宴席でそうしたことを口にされるまでもないのでしょう。

お若い社員さんがいらっしゃるときは、お褒めの言葉をよくかけられます。

「君、営業の誰だれやったな、こないだはよくがんばったな」といった具合に、さらっと声をかけられます。

雲の上のような存在の方から、そういう言葉をかけられたご本人は、「何百人も社員がいる中で、僕が何をしているか、見てくださっていたのか」と、それは感激されます。

さりげなく口にされているようですが、人の気持ちをつかむ術を心得ておられて、計算のもとにおっしゃっているのかもしれません。

あるいは、「大学二年のときに、先生にこんなことを言われてな」というように、ご自身の体験を披瀝されることもあります。

「先生にそう言われて、あのときはほんとうにがんばったものだ」というお話に、教育効果をこめられているのかもしれません。

上に立っておられる方はじつによく周囲を見ていますし、ご自分が口にされる言葉がどう受けとめられるのか、こまやかに配慮されているのに感心させられます。

魚眼レンズをつけた高性能カメラのごとく、広角でものをとらえ迅速に機能する頭脳をおもちのようです。
それに引き替え、周囲の状況を気にもとめず、自説を披歴されるような傾向がある方は、お気をつけください。
煙たがられるだけでなく、人が離れていくのではないでしょうか。

!

自分の言動が周りからどう見られているか、気にしてみる。

36

昇る男はあけっぴろげに質問する
沈む男はわからないことを取り繕う

お客様には、外国の方もいらっしゃいます。韓国、中国、アメリカ、ヨーロッパ……。ざっくり申せば、欧米の方はとてもフレンドリーでオープンです。中国、韓国の方は、よくわかりません。

中国からのお客様に、やたらと飲まされて「もう飲めません」とお断りしたらえらく怒られたことがあります。お国柄もあるでしょうし、その方がたまたまそうだったのでしょう。なんとも言えませんが、何人かにお目にかかっただけの印象では、中国の方は自分のところの文化に自信をおもちで、それを押しつけてこられるような……。だから、「なんで飲めないんだ君は、マナー違反だ」みたいなことを、中国語はまったくわかりませんが、おそらく言っておられたようなのです。

アメリカやヨーロッパの方は、せっかくお座敷に招待されて舞妓さん芸妓さんを見たのだからと、ワンダフォー、ビューティフォーの連発です。とことん楽しもうという意識が明らかです。「これは何というお花なの？」「着物のこれはどういう意味があるの？」といった調子で、お仕事の話になりかけても、ビジネスの話は後でいいじゃないかみたいになる方が多いような気がします。

こういう席に招待してもらって嬉しい、ありがとう、僕たちはこんなに喜んでいますよ、と感謝の意をオープンに示しておられるのでしょう。

日本人の場合、接待を受ける方は、お仕事の関係で接待されているわけですから、「芸舞妓がいるから楽しい」と言われることはまずありません。

わたしたちはあくまでも接待の場の添えもので、自分は接待してくれた人としゃべらなければならないという意識を強くもたれているように感じます。

それに、お座敷に上がられたのは初めてのご様子でも、いい歳をして無邪気に喜ぶのは、はばかられるといったテレもおありなのでしょうか。概して控えめです。

英語はわかりませんが、悪口を言われているのはなぜかわかります。あるとき通訳の人が、日本のこういう人たち（芸舞妓）は韓国のキーセンみたいなものですと説明しているので、「はー？」と言ったら、「英語わかるの？」「わからへんけど、そこはわかります！」ということがありました。

なんという雑な説明。しかも、欧米人にはキーセンのほうが知られているの？　です。キーセンがいい悪いではなく、この世界のことを知らないのなら、ここにいるのだから聞いてくれればいいものをと憤りました。職務怠慢です。

通訳の人は、もちろん日本人です。控えめということだったらいいのですが、知らないことを知らないままに取り繕うのは、よくないでしょう。

外国人も日本人もなく、知らないことは知らないとはっきりと言って、詳しい人に聞くべきだと思います。それができる男性は昇るルートを、できない男性は沈むルートをたどるのではないかと、イメージを描いています。

!

知ったかぶりは、決してしない。

37

昇る男は何事もありがたがる沈む男は何事もネガティブにとらえる

成功しておられるみなさんは、「ありがたい」と、よくおっしゃいます。

深く何かに感謝されているとか、信心深いとか、そういう大仰なことではなく、ことあるごとに「ありがたいなあ」と口癖のように言われます。

花街の姉さん方がよく言われるのは、「実るほどに……」ということです。

お正月には髪に稲穂のかんざしをつけるのですけど、そのたびに「あんたその稲穂の意味知ってるか？」と聞かれます。

「稲穂はな、実るほどに垂れ下がるやろ、頭を垂れ下げんとあかんねん」

もっとわかりやすくそれを説く言い方が、「あんた、お客さんの顔とか姉さんの顔とか、ましてやそこらへんのお商売のお父さんとか配達のお兄ちゃんの顔、なんも知らんやろ。

ほな、道歩いてる人の全員、犬ちゃん猫ちゃんにも頭下げとき」です。
「頭下げられて怒らはる人ぃはらへんから、誰かわからへんかったら頭下げときや」と続きます。舞妓としてお座敷に出るようになるとき、お母さんや姉さんに、こう心得を教わります。言われたとおり、まったく知らない人に頭を下げて、ドン引きされたことがありましたけど。

成功されたお客様の「ありがたい」も、芸舞妓が教わる「頭を垂れる」も、ともにそういう心得が、もの事をいい方向に動かすのではないかという気がします。

成功されたお客様のお話を聞いていると、前向きに「ありがたい」という思いをおもちだから成功されたのかもしれないと感じることがあります。

たとえば「高校に落ちた」というお客様は、「オレはあのときが不幸のどん底やった」というふうには話を続けられないのです。「オレ、あのときに気づかされた。このままではアカンと」と、「落ちてよかった」と続きます。

あるいは「親が死んだ」というお話は、「そのときに親のありがたさを知った。母親を亡くして、残った父親を大事にしようと思った」につながります。

「倒産した」は、「オレ、もう働くのはイヤやと言うてたけど、働く場所があったからそんなこと言うてたんやなと思って、それからまた、がんばった」となります。

通常ネガティブにとらえられることであっても、それをプラスの方向につなげてとらえる、だから立ち直ることができたのでしょう。

成功をつかむためには、何事もありがたいことだとポジティブに受け止めることでしょう。人生いろんな浮き沈みがありますから、うまくいかないとき、事態をネガティブにとらえてめげていたら、浮き上がることなどできなくなります。

口癖を「ありがたい」にされてはいかがでしょう。

「バカヤロー」や「ほんまにオレ運が悪いわ」より、耳にするほうもずっと明るくポジティブになるのはもちろんですから。

!

ネガティブに考えたところで、何も解決はしない。ならば気持ちだけでもいつも上向きでいるために、なんでもありがたがってみる。

38
昇る男は「なんとかする」
沈む男は「なんとかできない」

「就職したことないんですか？」

「うん」

「いきなり起業しても、会社の経営の仕方とかわかりませんでしょう」

「そやけど、人に頭下げるの絶対できひんと思って」

そんな方がいらっしゃいました。ご自分の能力や特性を知っている反面、絶対にできないことも自覚しておられたのです。

自分にできないことを除いていって、自分がやっていく道を選んだら、あとは柔軟性の有無にかかってくるでしょう。

わたしは、いま、市民ホールのようなところでのお仕事に少しだけ携わっています。フリーの立場で、ごくたまにお手伝いする程度ですが。

そのお仕事で、人が足りないときがありました。

仕事そのものは簡単なのですが、特殊な仕事ですし、臨機応変が要求される現場です。ですから、ある程度経験のある人がほしいのですが、来てくれる人が見つからない状況でした。あとひとり誰かいないかというときに、わたしは知人のYちゃんという子に声をかけました。

なぜYちゃんを呼んだかというと、お友達だからとか仲がいいからとかではなく、柔軟性があるからです。もちろんこの仕事はしたことがないけれど、わたしが手いっぱいで目をかけられず放っておくことになっても、Yちゃんなら自分で仕事を探して動いてくれるはずと見込めました。

「誰連れて来とんねん！」と言われるような人が入ると、足手まといになるだけでなく、全体の仕事がはかどりません。

「むちゃくちゃ仕事できるやん！　今日が初めて？　嘘ばっかり！」という人でなくてもいいので、「これ片付けていいんですかね？」と知らない人にでも声をかけて動いてくれる人が欲しかったのですが、予想どおりYちゃんは見事にこなしてくれました。予想以上の働きでした。

おそらくどこの職場でも業界でも、そういう柔軟性の高い人が求められるでしょう。自慢めいた言い方になりますが、わたしが引退後も仕事にあぶれることなくやってこられたのも、こいつなら放っておいてもなんとかするだろうと思っていただけているからかと。

腕の立つ職人さんのような存在も、もちろん貴重です。ですが、「たいした取り柄もないのですけど、何でもします」みたいな柔軟性に富む人も貴重でしょう。

いきなり起業して社長さんになったお客様は、よくお座敷にお見えになるほど成功されました。人に頭を下げるのは苦手でも、状況に応じて気をきかせ、なにごとも柔軟に対応することで取引先に評価されていたようです。

上司も取引先も、頭脳も身体も柔軟でフットワークが軽いかどうかを見るものでしょう。いわば「なんとかする」力です。

過度にしゃしゃり出るのはよくないでしょうから、状況に応じてほどよく対応すること、それが柔軟性だろうと思います。

「何とかしてくれそうにない」人を取り立てる上司も取引先もいないのは、よくおわかりのはずです。

ちなみに、Yちゃんは、いっしょに仕事をしたメンバー一〇人とは、もちろんその日が初対面でした。でも、いつの間にか仕事の後でみんなで飲みに行く話をすっかりまとめていて、飲み会の場では真ん中に座ってしゃべっていました。
こういう人は、どこに行っても周囲に愛されて昇っていきそうです。

!

来た球はとりあえず返す。そうしているうちに、「なんとかする」コツがつかめる。

39

昇る男はお金だけを追い求めない 沈む男はお金だけを追い求める

まだぺーぺーの舞妓のときに、「今日、あの方のお座敷やで」と先輩の舞妓さんに言われて、「はじめてお目にかからしてもらいますー」と答えたら、「花街の芸妓舞妓はみんなあの人のこと好きやで！　あんたも絶対好きになるわ！」と断言されました。

べつに恋愛感情をもつわけではないのですけれど、ほんとうに魅力的なお客様がいらっしゃいます。その方が道を歩けば、すれ違う芸舞妓が「いやぁお兄さん！　どこ行くの？」「後で絶対呼んで！」と声をかけ、しかもそれが社交辞令ではなくて、後でほんとうに「お兄さんまだいはりますか？」と来るのです。

内輪のおしゃべりで、「お客様でどなたがいい？」と聞くと、異口同音にその方のお名前が挙がります。

お人柄は、大らかです。大らかだけれど、とても気配りがある。細かいこともよく見ておられます。ちょっとした作法の違いでも、「そんなとこ、よう気ぃつかはるなぁ」みたいなところまで気がつかれて、それをとがめるのではなく、こうしたほうがいいよとやさしく教えてくださいます。大人の男性という感じです。なのに、すごく無邪気なところもあります。遊び方もおきれいです。

ある大手企業の会長さんです。昼間会議をなさっているときなど会社でのお姿は存じませんから、一面しか知らないのに持ち上げすぎかもしれませんが、経済的に恵まれていて、社会的地位も高く、しかも女性にもてる魅力に富む……。男性が描かれる理想像を現実のものにしておられます。稀有な例でしょうけれど、こういう男性像を追い求めることも、成功につながるのではないでしょうか。

つまり、男性はお金さえ持っていればいい、というものではないと思うのです。それは女性をご覧になればおわかりのはずです。

男性にとっての経済力が女性にとっては美しさであるとして、モデルさんのようにきれいだけど頭はカラッポの女性が素敵だと思うかと問われれば、答えは「ノー」でしょう。「だって、頭カラッポなんでしょ」となるのでは。理想は、連れて歩いたら誰もが振り返るくらいの美人で、頭もよくて、気配りができて、性格もいい……という女性でしょう。そんな女性は滅多にいないでしょうけれど、いれば成功する女性と目されるはずです。

お金さえ持っていたら十分、お金があればさらに成功の階段を昇っていけると思っている男性には、頭はカラッポ、性格は悪くて同性からの評判は良くない、なんであの子が男性にもてるの？　というような女性がくっつくもののようです。それはそれでお似合いですが（意地悪な言い方ですみません）。

女性にかぎらず、お金があるところに集まってくる人は、お金がすべてだという価値観に支配されている人たちでしょう。お金はとても大切なものですが、人はお金にすり寄ってくるものだという考えは、大いなる誤解ではないでしょうか。不幸な誤解です。

お金がなくなれば周りの人が離れていく、そういう方が成功されるとはとても思えません。昇る男性は、少なくとも経済的な成功だけを追い求める方ではないように思います。


！

お金は大事。でも、それだけを追い求めても仕方がない。

40

昇る男は自分にできないことを知っている
沈む男は自分のやりたいことだけに向かう

成功しておられる方というのは、もっと成功するためには何をすればいいのかを、ご存知でいらっしゃるようです。けれど、わかっていても自分にはできない、あるいは自分はそういうことはしない、ということを冷静に見極めて対処しているようにお見受けします。一定の成功をおさめ、大きな失敗もされない理由はそこにあるのではないかと思います。

若い人はよく、自分がしたいことを並べ立てます。若い人向けの仕事選びのアドバイスでも、「まず、自分は何がしたいのかをよく考えろ!」と言われるようです。

もちろん、それも有意義なことでしょう。でも、よく考えなくても、自分がしたいこと、こうなりたいということは、誰しも漠然とであっても思い描いているのではないでしょうか。それに、どんな仕事に就いても、その中で自分がやりたいことは見つけ出していけるはずです。

成功を求める人は、むしろ、自分は何ができないのかを考えることが大事なのではないでしょうか。

イヤな人とは付き合いたくない、きつい肉体労働はしたくない、長時間働くのはイヤ、給料が安いのはイヤ……。そんなことではなく、これだけは死んでもできないということを考えたほうがいいと思うのです。それで成功につながるかどうかはわかりませんが、少なくとも大失敗はしないですむと思います。

わたしは人付き合いが苦手です。人見知りが激しくて。引きこもりの一歩手前くらいで、学校に行かなかったこともあります。それなのに芸妓を目指したのは、若いときは自分にできないことを考えていなかったからです。夢も希望もありましたから、やりたいことを優先して花街に飛び込みました。いま、もう一度あのころに戻れたなら、同じ仕事には就かないかもしれません。

できないことは人それぞれかと。たとえお客様につばを吐きかけられても、「いやー、もう」と笑っていられる人もいるでしょう。

それによって選択が違ってくると思うのです。人としての矜持みたいなものからしてできないことがあるはずです。

できそうにないけれど、あえてやってみようとすることもあるでしょう。それはチャレンジしてみようと思える程度のことです。たとえば人を騙しても平気でいられるのか、というようなことを自問してみて、そういう自分には絶対にできないことをノートにでも書き出してみればいいのではないでしょうか。自分のやりたいことだけを追い求めていたら、失敗する可能性も高いでしょう。

たとえばわたしは、害虫駆除の仕事は二〇〇%できません。ゴキ××（文字にするのもイヤ）を見るたびに、ああ自分は離婚できないなと痛感します（ヒドイ！）。主人に任せるしかないのですから。とにかく虫に関連する仕事だけは、自分には絶対にできないと思うのです。努力でどうにかできるレベルのものではありません。

もっとも、わたしは自分に何が向いているかも、未だにわからないままです。

！ 自分のイヤなこと、できないこと、したくないことを見極める。

41

昇る男は上司の誘いを断らない
沈む男は仕事を理由に断る

こういうお話を聞きました。

社長さんが来客と飲みに出かけられるとき、若い社員の方に、「君もいっしょに来ないか？」と声をかけたそうです。声をかけられた社員さんは、「あ、すみません、いま急ぎの仕事があるものですから、今日は失礼します」と答えました。社長さんは、「ああそうか、仕事優先でいいよ」と言って出ていきました。

会社を出た社長さんは、つぶやきました。「あいつは、もう二度と誘えないな」。一度誘いを断った人間に再度声をかけることはしない、と。

社長さんが一緒にどうだと声をかけたのは、その社員に同席させて、来客と懇意にさせようという意図があったのだそうです。

若い社員さんとしては、目の前にある急ぎの仕事をすると言えば、熱心な奴だと評価されると思ったのかもしれません。でも、仕事が忙しければ、飲みに行った後で会社に戻ってやればいいでしょう。もしも長引くようなら、途中で「どうしても今夜中に仕上げなければならない仕事を抱えていますので」と退席してもいいはずです。

社員さん本人は、自分は間違った対応をしたとは思っていないでしょう。態度が悪かったわけでもなく、むしろ仕事熱心なのを社長さんばかりか来客にもアピールしたのです。ですが、結果として出世からは遠ざかります（ほんとに出世から遠ざかるかどうかはわかりませんが）。

そんな理不尽な！　と思うかもしれませんが、往々にしてこういうことがあるようです（社長さんも人間ですから）。

どうしてもすぐに手が離せないなら、「ありがとうございます！　行きたいです。急ぎの仕事の最中ですから、終わりしだい連絡させていただいてもいいですか？」と言うのも知恵でしょう。

この社長さん、誘いを断った若い社員さんに、「じゃあ専務に、いつもの店で飲んでいるから、よかったら来るように言っておいて」と伝言を託しました。すると、ほどなく専務さんはやって来たそうです。

専務さんが忙しくないわけはありません。でも、社長さんの意を汲んで駆けつけられます。だから専務たり得ていらっしゃるのかもしれません。

瞬間的に、是々非々の判断ができることが大事だと思います。

とはいえ、いつも適切な判断ができるとはかぎりません。ならば、上司に言われたことには、いったん応じる……。目の前の状況に引きずられて判断すると、失敗につながりかねません。昇るか沈むかは、そういう基準をもつかどうかによるのかもしれません。

人生では、チャンスの大きな波と小さな波とが誰にでも何度かめぐってくると思うのですが、社長さんの誘いを断わった若い社員さんは、小さな波を見逃したのかもしれません。

しかも、チャンスだったことを本人は知らないままに。それが怖いところです。

!

目上の人が誘ってくれるのは、何か考えがあるのかもしれない。

42

昇る男は不本意な付き合いはしない
沈む男は無用の付き合いをひきずる

類は友を呼ぶと申しますとおり、お座敷に上がられるお客様は、ご自分にふさわしいご友人に恵まれていらっしゃるように思います。

とくに意識して選んだわけではないけれど、気がつけばずっと付き合っている、という感じでしょうか。選ぶというよりも残っているといったほうがいいのかもしれません。意識的に、あるいは無意識にフルイにかけて、いまの付き合いにたどり着いたような。

そういうご友人がどういう存在かと言えば、ただただ一緒にいて楽しく心地よいお相手のようです。

社会的な地位を築いておられる方は、「付き合わざるを得ない」付き合いをたくさん抱えていらっしゃると思います。だからこそ、「オレ、オマエ」の付き合いができる友人を人一倍求めているのではないでしょうか。

それに、お仕事上のお付き合いを別にすれば、不本意な付き合いに割く時間もなければ、「付き合わなければ陰口を言われたり無視されたりする」などという未熟な考えもおもちではないようです。

精神的に自立した、真の大人でいらっしゃるということでしょう。

価値観が同じであること、お互いに寄りかかる関係ではないことを求めておられるようにお見受けします。

仲の良いお客様同士によく見られるのが、会社の同期や司法試験の同期合格者といった関係です。いまは違う部署の部長同士、検事と弁護士というお立場になりますから、親しくされていても情報の一線は越えない話をされます。相手もそこには絶対に踏み込みません。信頼して意見を求められたときは、ほかには漏らさない、といった暗黙の了解があるようです。

わたしも花街で出会った同期に対して、「この世界をわかり合い、愚痴や辛かったことも語れるたった一人の存在だから一緒にいるけれど、もし、女子校の同級生でクラスメイトが四〇人いたら、あんたを友だちには選ばへんと思う」と常々言っています。相手も「気が合うなー、ウチも同じこと思ってるわ」と返してきます。こんなことを言いながらお互いに引退して一〇年以上経ったいまも付き合っています。

このように両者が求める距離感が一致することも、友だち付き合いには大事なことだとお客様の友だち付き合いを見て教えられました。

意に沿わない友だち付き合いは、あっさりと見切られるのが成功された方に見られる傾向です。付き合いを広げておけば自分の利益につながるかもしれないなどと下心をもちながら、無用の付き合いに時間を費やすようなことはなさらないようにお見受けします。

!

好きでもない人と、下心をもって付き合うのは時間のムダ。

43

昇る男は人一倍働く
沈む男はただ成功を願うだけ

お客様の多くがおっしゃること、それは「人一倍働く」です。

「父の会社を継いだが、所詮は跡取りと古参の重役たちに軽んじられまいと、平社員や新入社員よりも、誰よりも働いた」

「景気が落ち込んだ時期、うちみたいな中小企業が次々と潰れる中で、何とか踏みとどまるために、ほんとうに死ぬほど働いた」

「当時の自分にとっては、いささか困難な仕事に抜擢されて、失敗すればあとはない、けれど成功させれば将来が約束されると思い、がむしゃらに働いた」

成功なさっている方々は、いまもその立場を維持するために尽力なさっているのでしょうが、そこまで昇り詰めるまでに、あるいは立場を失いかねない窮地に立たされたときに、皆様一様に「とにかく人の何倍も働いた」とおっしゃいます。

人一倍働かずして成功されている方など、おられないのではないでしょうか。働くことは、多くの人がしているのですから、そこから抜きん出るためには、やはり人一倍働く以外ないのではと思います。

「この給料で、まともに働いてなどいられない。適当にしておこう」「歩合制じゃないのだから、ほどほどに働けばいい。いくらがんばっても給料は同じだ」などと考えている人がいるならば、その人は仮にいくらか出世をしたとしても、まず間違いなくある程度のところ止まりでしょう。

「こんな給料で、これ以上働いていられるか」と働く人は思うのかもしれませんが、雇用する側からすれば、「それだけしか働かないから、そんな給料」なのです。

その人の給料は、雇い主なり会社が判断するもので、自分自身で判断するものではありません（断定してしまいましたが、間違いなくそうでしょう）。

「もう少し給料を上げてくれたら、もっとがんばるのに」と言いがちですが、もっと給料が欲しい、出世したい、成功したいのなら、ものごとの順序として、まず「働く」のが先ではないでしょうか。結果は、働いた先にあるはずです。

成功している方々は、自分の能力を信じて突き進み、昇り詰められたのでしょうが、それはあくまでも、目先の仕事を一つひとつこなした積み重ねの結果だと思います。

成功という結果だけを見てそれを願い求めるだけでは、いつまでたってもそこに到達できないでしょう。

人一倍働く覚悟を固め、それを実践なさってはいかがでしょうか。

!

成功を望むのであれば、人一倍働くしかないのが現実。

44

昇る男は会社を背負う意識をもつ　沈む男はただ個人として行動する

舞妓はいつも見られています。街に出たときも、いくら人混みにまぎれようと、あの頭に着物姿ですから、隠れようがありません。

道行く人たちにとって、舞妓は特定の個人ではなく、「舞妓さん」なのですから、ワゴンセールのバーゲン品をあさる、喫茶店で足を組んでお茶を飲むといったことは厳禁です。

一挙手一投足に気をつけなさいと言うのは酷かもしれませんが、舞妓として見られているかぎり、歩き方ひとつ、立ち居振る舞いひとつにも、気をつけなければならないと思います。

わたしも、普段は足を崩すこともありますし、椅子に座って肘をつくこともしますけれど、舞妓の装束を着ているときは、そういったことには気をつけておりました。お行儀が良くなくて、「あんたあかんえ！」と姉さんに叱られるのは個人ですけれど、目にした人にとっては「京都の舞妓さん」という自負がありましたから。一人のお行儀が悪ければ、それでもう京都全体の舞妓の評価が下がってしまいます。

会社勤めの方は、みなさん社内の規律などには敏感なようにお見受けしますが、会社の外に出ると、ゆるむように感じます。

会社のロゴがでかでかとある車の運転席から、たばこの吸い殻がポイ捨てされるのを目にすることがあります。わたしは面倒なことをする気も行動力もないのですけど、もしも行動力に溢れていて少し意地悪な人だったら、その会社のコールセンターに電話をして、「すいません、つい五分ばかり前にね、○○通りの×番でおたくの車の運転手さんが、たばこを捨ててはりましたけど、おたくではそういう業務教育してはります？」みたいなことを言いたくなるでしょう。

コールセンターにかかってきた電話の内容が、広報課とか営業課とか人事課とかに回っているとすれば、その会社でリストラが行なわれるとして、誰を対象にすればいいか営業成績では測りようがないときの最後の決め手として、「あ、こいつクレームがきていた」と、切られるかもしれません。本人は、どうして自分が切られたのかわかりません。「ああ、オレ、ちょっと上司に嫌われていたのだろうな」と思うかもしれません。

本人にとっては自業自得としても、会社が消費者に敬遠されかねません。あそこの商品買わんとこ、と。

にもかかわらず、乗っている人に、自分は会社の看板を背負っているという自覚があまりにも希薄で、無防備なように映ります。消費者の口コミのチカラは大きいのに。

自分一人の行動が、自分だけではなく、会社全体に影響することを意識しておくべきだと思います。成功する人は、その意識を常におもちです。


!

会社の看板は、頼るものではなくて背負うもの。

45
昇る男は当たり前の大切さを知っている
沈む男は当たり前のことをおろそかにする

芸舞妓は、お客様をお見送りするとき、お姿が見えなくなるまで見届けます。

次のお客様がお待ちでいらっしゃるようなときは、すみません失礼しますと申し上げて入ってしまうこともなくはないのですが、基本、お姿が見えなくなるまでです。京都はまっすぐ長い路地が多いので、しばし時間がかかりますが。

これは、とても上等なお行儀だと思います。上等なお行儀に慣れていらっしゃるお客様は、ときに振り返られます。もう振り返られないかしらと思っていると、振り返って会釈をしてくださいます。手を軽く挙げてくださる方もいます。

努力してお見送りするわけではなく、見返りを期待するほどのことでもないのですけれど、やはり見る方は見てくださいますし、気がつく方は気がついておられると思います。

「振り向かれなかったから気づいてないなどと自分で判断するべきではない」と姉さん方に教わったものですが、そのとおりです（それに、もう見えないだろうと思っても、お客様はもしかしたら視力五・〇かもしれませんから）。

そのときはさほどピンとこなくても、たとえば「自分がされてイヤなことは人にしたらあかんよ」とか「人を見たらちゃんとあいさつをして、ものをもらったらありがとうと言うのよ」とか、そういうごく当たり前のことが、しだいに心に響くようになりました。そもそもは、小さいころ、親に言われたことです。

いろんなご家庭がありますから、自分の家庭をモデルとして語ってはいけないのですけれど、わたしは普通の親に普通に愛されて、いい意味でも悪い意味でも普通の家庭で育ったと思います。その親が言っていたことをあらためて噛みしめたい思いが、いまにしてつのります。

いまの若い世代のご両親は、格言とか、ことわざをあまり口にされないかもしれませんが、なぜいまに残っているのかと思えば、みんながそう痛感するからでしょう。

母が亡くなって、もっと親孝行をしておけばよかったと、とても後悔しました。「孝行したいときに親はなし」です。それだけに父にはやさしくしようと、たまにごはんを一緒に食べに行くようになりました。
身の周りにいる人、普通の人の言っていることの中に、人としてすべきこと、心得ておくべきことが、たくさんあるように思います。
何をもって成功と言うのかはわかりませんが、どのような物差しで成功か否かを計るにしても、当たり前のことを当たり前にすることが、何よりの要諦ではないかと思います。

!

当たり前のことをおろそかにする人は、世の中で通用しない。

ビジネスマンのための京都花街案内　その二

◎お客様は経営者ばかりではありません。

経営者はもちろん、個人の方もたくさんいらっしゃいます。弁護士さん税理士さん、大学の先生、お医者様、政治の方とか。あと、歌舞伎の役者さんは、密につながりがありますからよく寄ってくださいます。

昔から続いているお会社の経営者の方が、息子さんを連れて、親子二代、三代で遊びに来てくださっていていることもあります。

経営者の方は、お会社の名前を聞いて、「あちらですか」という感じのところですとか、自分が勉強不足なので名前を存じ上げないこともあるのですが、中小のちょっと上ぐらいの規模のお会社の社長とかもよくきてくださいます。

どちらかと言えば、オーナー系のお会社の方が多いです。いちばんよくお見かけして、宴会などもよくされて気風がよかったりするのは、中小の中の上ぐらいの規模のお会社のオーナーさんになるでしょうか……。そういう方は、社員さんが何百人もおられて誰がどこにどういるのかわからないということもなく、また、ある程度ご自分の使える資産みたいなものをわかっていらっしゃるのだと思います。

大企業みたいに大きなものが大きな場所で動くという感じではなくて、お座敷で接待して、「これからもよろしく」みたいな感じで取引がつながっているような印象の方も多いように思います。

ただ、いまは接待という感じのお席が少なくなりました。おそらく経費で落ちにくくなっているのではないでしょうか。経費で落ちないのに何人分も払うことはできないでしょうから、個人で見えてくださる方のほうが、いまは多いように思います。

◎お座敷に上がるのにかかる費用は……。

一回お座敷に上がられたら、まあお花代にご飲食代が入った場合、数万円から、といったことになるでしょうか。でも、お食事はほかで召し上がってから見える場合もありますから、一概には申せませんが。

ですから、かつて自分が感じたことがあるのが、わたしらはいるのかな？　ということです。接待となると、もうずっと難しい、わたしたちが聞いていてもわからない、あるいはあまり聞き耳を立てないほうがいいような、お会社の経営についてとか、これからの取引形態についてとかをお話しなさって、「今日は踊りはいいよ、ちょっと詰めた話があるから」と言われて、踊りも踊らずただただお酌をしていますと、これならお酌マシーンでいいんじゃないのかしら？　と思うようなときもあります。

◎若いお客様もいらっしゃいます。

舞妓のときは、やはりまだ座持ちもよくないので、若い方ですと気軽にしゃべれる感じがしますし、話題にもある程度共通点があるので嬉しいお客様です。ただ、自分が経験を積んできて、座持ちができるようになってきますと、逆に若い方とは何をしゃべっていいのかがわかりません。滅多に見えないお客様ですから。

なんて言うのでしょう、まだがむしゃらに働く過程におられて、五〇代、六〇代の方のようにちょっと上がりかけた感じはなくて、昇っていかれる最中ですから、お仕事以外のことにはあまり脇目は振られない、お仕事の話しかできない感じで、話題があまりなかったりするのです。ちょっと違う方向にもっていこうかなと、こちらから話題をもちだしても、それを受け止めてくださるほどの容量も、まだまだこれからな感じなのです。

◎舞妓になるには中学卒業からが理想です。

基本は中学卒業できてほしいのです。けれど、いまは人手不足ですから、高校を卒業してからでも、（二〇歳になるまでに）まあ二年しかないけど、となります。わたしも二一歳をすぎても舞妓をしていました。舞妓さんがとても少ない時期で、しかも遷都一二〇〇年のイベントがあるから頼むからやめてくれるなということで、すごくひっぱられまして。お客様に「いくつ？」と聞かれると、つらかったです（笑）。

希望者をお断りすることは、いまは、まずありません。

お断りするかどうかは、屋方のお母さんのご判断によります。気性などを見て、根性がなさそうとか、態度がよろしくないとか、横着そうだとか……。それでも、よほどのことがなければとります。ちょっと太っているとか背が低いとか高いとかは、さほど問題にしません。

昔は、それこそ一つの花街に舞妓さんが一〇〇人くらいいましたから、基本的にうち娘さんしか出られませんし、よそからきてというのは芸妓からになっていたそうです。舞妓さんというのは育てるのにお金も時間もかかりますから。

よほど器量があって、この子は芸立ちもよさそう、愛くるしい顔もしている、小柄で舞妓さんらしいし歳も若いしということであれば舞妓に出すということもあったそうですが、いまの時代、もう舞妓さんのほうが売り手市場ですし、なり手も少ないので、なりたい人は歓迎されます。

◎芸舞妓にとっての成功は……やはり売れっ子になることです。

芸妓にとって「大成する」ということは、やはりお花でいちばんになることでしょう。売れっ子になることがすべてとは思いませんが。

もちろん立ち居振る舞いがよろしくて、花街を代表するような名妓になるのも一つの成功の証明です。

◎舞妓デビューのときに名前をいただきます。

お名前をいただくのは、お店出し、すなわち舞妓デビューが決まったころです。

名前のつけかたはおうちによってまちまちです。普通のおうちと一緒で、神社に行ったり姓名判断の本を見たり、一番目に生まれたからイチコとか。

おうちの筋の名前があって、たとえば「豆」とか「市」。豆がつくのは、祇園甲部か先斗町。

宮川町、上七軒には多分いらっしゃいません。ひさしい「久」は先斗町にしかないもの。「真」は祇園町の甲部さんだけ。

豆や市は名字のようなもの、一族ネームです。豆の筋のうちであれば、豆の字をつけます。ただ筋が厳密に決まっているおうちばかりではありませんから、ある屋方にいる芸舞妓全員に同じ字がついているわけではなくて、まちまちなこともあります。

流行り廃りもあるようです。一般の名前でもクミコとかアサコのような、なになに子より、エリカとかリオナになっているように。

たとえばかつては○奴さんがおられましたけど、いまは廃れています。次郎さん太郎さんも少ないです。豆次郎さん、豆太郎さん、一太郎さん、いまはあまりお聞きしません。

姓名判断や、周りの人の意見を聞きます。そのうえで、つけたい名前の方が代々いらっしゃる場合は、代々のご本人や、ご本人がお亡くなりの場合は関係筋の方に。ダメだとはめったに言われないようですが。

途中で名前が変わることは基本ありません。歌舞伎でいうところの勘三郎さんところの勘九郎さん、海老蔵さん、団十郎さんのような、大事なお名前というものがあるのですけど、たとえば先斗町の豆の筋であれば、大元に豆楽やマメコというお名前があります。ところが、姓名判断でみていただいた場合などに、この豆楽が、本人さんにとっては字がよくないとなれば、楽をひらがなにしてみるとか。豆楽という名前自体がこの人にあまりよくない、合わないとなれば変えることもあります。音に対して自分に合う字をあてていくとか。マメコでも、豆好もいれば、豆子もいます。

◎姉さんは妹を本当の姉妹のように可愛がります。

妹は、身内です。後輩が親戚の子どもたちとすれば、自分の妹はまさに文字どおり妹です。舞妓としてデビューしたら、その月のお花は基本いちばんを飾ることになっています。ご祝儀花ですから。といってもデビューする本人にまだご贔屓がいるわけはないですから、そこは姉さんと屋方の力です。

お店出しのお花は、数字にすると多い人では月五〇〇〇本以上になることもあります。一日の立て花は、四〇本。すると三〇日休みがなくて一二〇〇本。五〇〇〇本という数字は通常ではまずあり得ません。そこでお客様に、「すみません、今月うっとこの妹さんがお店出しやのでお兄さん×日分すんません」などとお願いします。たとえご自分は東京にいらしても、見たこともない舞妓の花代として一日から数日分、名刺代わりの手ぬぐい一本と引き換えに応じていただくのです。

◎お店出のごあいさつに手ぬぐいを用います。

お店出しするときのごあいさつに、日本手ぬぐいにのし紙を巻き、名前を書いて、「今度お店出し致します」と、持って行くのです。お客様にお渡しいただく場合は、姉さんのご贔屓の方が山田さんとしたら、山田御旦那様と書いて、そのお茶屋さんのお母さんのところに持って行きます。「これお母さんとこの山田さんお兄さんにお渡ししといておくれやす」。この手ぬぐいを受け取ったら、おおむね、お花の依頼を受けることになります。

◎踊りの切符購入をお願いすることもあります。

親しく可愛がってくださるお客様に、「切符をお願いする」ことがあります。鴨川をどりなど花街ごとの催しの切符購入をお願いするのです。芸舞妓には割り当てがありますから、ご贔屓のお客様に何枚買ってくださいとお願いします。お客様ご本人はカラダひとつでお忙しい身ですから、来られてもせいぜい一回か二回ですが、一〇枚二〇枚という枚数を買ってくださるお客様もいらっしゃいます。ほんとうにありがたいことです。

第3章
わたしが思う「昇る男」になる自分の磨き方

46

昇る男は「しない」ことを心がける
沈む男は「する」ことに重点を置く

お客様はどなたも、わたしの知るかぎり絶対にゴミをポイ捨てされません。

「それって当たり前のことじゃないの?」と思われるかもしれませんが、その「当たり前のこと」を多くの方が、できていらっしゃらないのではないでしょうか。

山林に不法投棄などするのは明らかに犯罪ですから、する人はそうはいないでしょう。ところが道端へのポイ捨ては、ついついしがちです。重大なモラル違反なのですが。

多くの人は成功を願う場合、「すること」に重点を置きがちのようです。けれど「しないこと」も同じくらい、いえそれ以上に大事なことだとわたしは思います。「成功する」ためには、何をすべきかを探るだけでなく、してはならないことを心がけることも大事なのではないでしょうか。

「する」をプラス、「しない」をマイナスとすると、どうしてもプラスの行動こそが成功への近道と思いがちですが、大事なのはむしろマイナスの行動ではないかと思うのです。ゴミを例に申せば、ゴミを拾うのは立派な行為ですが、実行するのが難しい場合もあるでしょう。しかしポイ捨てをしないことは、誰でも簡単にできます。しかも、「しない」のが当たり前のことです。

その世界の頂きにいる方は、ご自分の背負っているもの——地位、名誉、会社、多くの部下とその家族など——に対する責任を強く意識され、ご自分の些細な行動一つで、それらがもろく崩れてしまうことをよくわかっておられるのでしょう。それもあって、道徳心だけでなく、けじめをつける心の強さをおもちのようです。「少しくらいなら、いいだろう」と自分を甘やかすことがないようにお見受けします。

ゴミのポイ捨てにかぎらず、あちらこちらに顔を出して派手に社交するばかりではなく、義理ある方への心遣いをおろそかに〝しない〟、上の人の気持ちを忖度するばかりでなく、下の人に横柄な仕打ちを〝しない〟……。

このような「しない」ことは、〝敵を作らない〟ことにつながることでしょう。〝味方を作る〟ことはもちろん大切です。けれども、自分の利益になる人ばかりを大事にして、するべきでないことを忘れていたら……いつ、そこからほころびが生じるかしれません。

昇り詰めている方々は、「しない」行動ができておられるように感じます。

!

「しない」ことを決めてみる。

47

昇る男は汗をかく 沈む男は汗をかこうとしない

会社を経営されているお客様には、新しい技術や商品、サービスなどを生み出されて、成功を得られた方も少なくありません。

成功するための一つのポイントに、独創性があるでしょう。

どうして画期的な開発ができたのか、そうしたことを直接的にうかがう機会はほとんどないのですが、傾向として見えるのがご専門の分野以外のことに対する興味や知識をおもちだということです。

ユニークな発想をしようと思っても、こういうものがあればいいなといったアイデアを見出しふくらませる想像力というのは、「像を想う」ものですから、自分がまったく見たことも聞いたこともないところからは像が描き出せないのではないでしょうか。

自分の家では当たり前のことが、よその家と違っていて驚くことがあります。ありふれた例ですと、おでんの具や、目玉焼きにかけるものです。目玉焼きにかけるものをいくら思いめぐらせても、思いつく限界というものがあるでしょう。でも、世の中にはマンゴーソースをかけて食べる家もあるかもしれません（ないでしょうか？）。

いろんな世界を見たり聞いたりすれば、ヒントが得られるかもしれません。情報をたくさん集めることです。それには、自らの脚で歩いてみることが大切でしょう。送り迎えも移動もすべてクルマということが少なくないお客様の中に、なるべく電車を使う、ちょっとした移動なら歩くとおっしゃる社長さんがいらっしゃいました。そのほうが、発見があるからだそうです。

「汗は嘘をつかない」と言うように、汗を流してさまざまな現場を目にすれば、何かしら成果がもたらされるものかと。それが、想像の幅を広げるための基本中の基本ではないでしょうか。

人との話を聞くときも、「うわっ、イヤな上司からウザイ話を聞かされる！」ではなく、たとえ九九％はおもしろくない話であっても、役立つ話を一％引き出して自分のものにしてやろうという気持ちをもてばいいでしょう。イヤな上司でも、上の立場になっている人なのですから、何か得るものはあるはずです。

心がけひとつで、得るものが増え、さらに自分も変わることができると思うのです。

創造性、独創性、想像力といった成功につながる要素というものも、ほんのわずかな心がけ一つで養われるように思います。画期的な開発をされた方が、普段から常識外れな言動、風体をされているかと言えば、そうではありません。ごくごく常識人でいらっしゃいます。

成功される方は、地道に汗を流しておられます。汗をかかずに成功を求めるのは虚業にすぎないと申せば言いすぎでしょうか。

！ 汗をかいて、足を使って、いつもとは違う場所へ行ってみる。

48

昇る男は身近な人に学ぶ
沈む男は遠い偉人を追いかける

お客様が、たとえば高校の恩師にこういうことを言われたというような話をされることが、たまにあります。

「いまの道に進むのを、周りの人たちからは反対されていた。自分も迷っていた。けれど、そのときの担任が、お前は向いていると思うよと言ってくれて、その言葉に背中を押してもらった」

信頼し、好意をもつ先生に言われ、なおかつ自分がかけて欲しい言葉だったのでしょう。先生のほうも、当然に無責任な発言ではなく、日ごろから生徒をよく見ておられ、そのうえでよく考えて口にされたのでしょう。なればこそ、生徒の心に響いたのでしょう。

わたしが思い出すのも、やはり姉さんやお母さんにかけられた言葉です。

「上にしてもらったことは、いつか必ず自分が下の人にして返さんとあかんで」等、自分が目指す先輩が、若輩のわたしを気にかけて口にされた言葉だったからこそ、いつまでも覚えているのでしょう。

「休みは死んでから取る」……。たしか高名な方のお言葉だったはずです。けれど、どなたがおっしゃったのか、わたしは覚えていないのです。

この言葉をわたしが覚えているのは、ただただ「すごい！　こんなこと、自分は口が裂けても言えない」と思ったからです。わたしときたら、いかにして少しでも仕事を減らそうかとばかり考えていたのですから。

あまりにも自分と対極にあったので記憶に残っているのですが、胸に響いたものではありません。どんなに優れた方が言われたことでも、自分の目指していない頂きにおられる方の言葉というのは、案外と心に響かないようです。「やたらと格言や名言を連発する人、ご本人はインテリっぽいつもりなんかしらんけど、逆に薄っぺらいなと思うことがある」と手厳しいことを申す芸妓さんもおりました。

世に名を轟かせた方々の言行録などを読んで学ぶのは、もちろんよいことです。けれど心に残るのは、案外と身近な人のひと言のようです。身近におられる尊敬できる方の言葉に耳を傾けるのもよいのではないでしょうか。
そのときはなんとも思わなかったのに、なぜか忘れず、歳月を経て、なるほどとしみじみ感じることもあります。いちばん身近な母親の言葉は、まさにそうだとわたしは思います。
自分の近くにある、せっかくのすばらしい知恵や生き方を軽視する人は、大きな成功をつかめないのかもしれないと思うことがあります。

!

世に言う偉い人、すごい人の言葉ばかりを求めない。すぐそばにいる人の言葉をもっと意識してみる。

49

昇る男は外の世界を見る　沈む男は外の世界に出ない

花街の内輪では、同期のYちゃんとわたしは水と油のようだと見られていました。「あんたら、まあそやさかい仲ええんやろな」と言われたものです。

ところがYちゃんのご主人に初めて会ったとき、あとでYちゃんから、「うちの旦那がさあ、あんたのこと、おまえとなんか同じような感じの人やなあ、ものの言い方とかよく似ているって」と聞きました。

お星様とお星様は、ほんとうは何光年も離れているのに、遠い地球から眺めると、近くにあるように見えます。花街という狭い世界の中ではわたしとYちゃんは全然キャラが違うのに、外から見ると花街っぽさをもつ同類に映るらしいのです。

芸舞妓がこの世界に入るのは、一概には申せませんが、おおむね中学を卒業してからです。舞妓になり芸妓になって、そのまま現役を続ければ、外の世界の方と交わることはありありません。ものの見方や考え方から、立ち居振る舞いにいたるまで、似てくるのは当然と言えば当然でしょう。

わたしが舞妓のころ、一〇歳くらい年上の、まったく違う世界の方と食事に行く機会がありました。いまなら常識がなかったなとわかるのですが、そのときはご馳走になるのは申し訳ないなと思い、その方がお手洗いに立たれたとき、お店のご亭主に、「すみませんけど、割り勘にしといてくださいね」とお願いしたのです。ご亭主は、ちょっと不思議な顔をされました。いざお勘定の段になって、「一万五〇〇〇円です」とお店の人が言われたら、その方はごく当たり前のこととして、「じゃあ七五〇〇円ずつね」と。それまで上の人から割り勘と言われたことがなかったものですから、びっくりしました。それまでのわたしは、姉さん方に食事に連れて行ってもらって、自分も支払いをするということが一度もなく、必ずご馳走になっていたものですから。

わたしとしては、その方が支払われるときに、ご亭主に「いいえ、お連れさんが割り勘でとおしゃっていますよ」と言ってもらうつもりでした。自分ではとてもよく気がきいているつもりでいました（わたしがおバカさんだっただけで、芸舞妓が皆、このようなわけではありません）。

自分の住む世界から出ないでいると、それくらい常識外れになることがあります。変な価値観で固まってしまうのでしょう。会社勤めの方が、しばしば「うちの会社の常識は、世間の非常識」と言われますが、まさにそれです。しかも、そうだと気づいていなかったのですから、お恥ずかしいかぎりです。

違う世界のいろんな方と会っていろんなところに行くのは、自分の人格形成にも大きく影響してくると思います。

たくさんの人と交流しようと、異業種交流会に参加して名刺が増えたと喜んでおられる方を評して、そういうつながりで仕事がうまくいくケースは千に三つもないとおっしゃった社長さんもおられますから、数よりも質だとは思いますが、井の中の蛙状態にならないようにすることが、昇ろうとする手を引き上げてくれるかと。大海に漕ぎ出そうとしない人は沈むのではないでしょうか。

!

狭い世界で満足しない。

50

昇る男は人に教わろうとしない
沈む男は人に教えてもらおうとする

成功している方は、才覚がおありなのだと思います。

では、すぐれた才覚をおもちの社長さんが、成功する社長になるためのコツをほかの人に説いて教えることができるかというと、そうでもないような気がします。「名選手必ずしも名監督ならず」という言葉があるとおり、人に伝授する術はもたれていない方も少なくないように思えるのです。それに、カリスマ性といったものは伝授できるものではないでしょうから。

少し話はずれますけれど、わたしの姉さんは、踊りの名手でした。それに引き替え、わたしは踊りがへたくそでした。そのうえ飲み込みもよくないので、姉さんに踊りを教えていただいても、わたしには姉さんのおっしゃることがわからないことがよくありました。

姉さんからすれば、「なんでできひんの？」でしょうが、わたしからすれば、「もっとわかるように教えてよ！」なのです。すると姉さんは、「もう、どう教えたらいいかわからへん、こうして、こうして、こうしたら、こうなるがな！」って……。

姉さんは、ご自分の感覚と才能で芸事ができた方です。教師としての免状を持っておられるわけでもないですし、「どう言うたらいいかわからへん！」のです。ですから、さらにこちらはスカポンタンでしたから、「わたしにはわかりません！」でした。

自分が言われてわけがわからなかったことが、何年かたって下の子に教えるときに、「あぁ、こういうことだったのか！」と気づくことがありました。姉さんは、それがまさに本能的にできてしまっていたので、説明のしようがなかったのでしょう。

社長さんや部長さんにも、自分は自分の才覚だけでここまでやってきたのだから、どうすれば成功するか、部下への教え方がまったくわからないという方もたくさんいらっしゃるように思います。

このことから、成功を目指す人が、成功に至る方程式を教わろうとするのは、いささか思い違いのような気もするのです。教わるよりも、自分で考えて工夫して、ともかくやってみて、その中で、教えてもらったことの意味に気づくことが大事なのではないかと思います。そうして得たものは、自分の血となり肉となるようです。

昔の職人さんは、技術は教わるものではなく、見て盗むものだということを言われたようですが、まさにそれです。身近にいる人の中でいちばんお手本にしたい、成功している人のそばにいる機会を作るのがいいかと思います。

成功している人というのは、そばにいるだけでおこぼれに預かることのできるものをもっておられるはずです。近くで見ていると、言葉では言い尽くせない、理屈ではわからない、何かが得られるように思います。なにげない仕草でも、ものの言い方でも、ずっと見ていると、長年連れ添った夫婦が、ちょっとした仕草や口癖で相手の思っていることがわかるようになるように、えも言われぬ肝心なことが会得できるのではないでしょうか。

昇っていくには、人に何かを教えてもらおうとするのではなく、自分が探し出すべきでしょう。教えてもらうことを求めるばかりでは、昇っていけないと思います。

!

お手本にしたい人を見て、真似て、工夫して、自分のものにするクセを。

51

昇る男は楽しい表情をする 沈む男は深刻な表情をする

わたしの妹（芸舞妓の妹ではなく実の妹です）は、高校を中退して以降、ほとんどアルバイトしかしたことがありません。いま三六歳なのですが、仕事はもう二〇回くらい変わっています。

この就職難のご時世に、「社員になれって言われて面倒くさかったから」などとコロコロ勤め先を変えるのですが、なぜそんなに強気でいられるのかと言うと、面接で落とされたことがないからです。二〇回あまり受けた面接を、ことごとく突破しています。

その秘訣は、思うに、面接で求められる大切なことが備わっているからかと。妹はおそらく、「こういうこと、できますか？」と質問されたら、できなくても、「あ、それやってみたいと思っています」などと答えるのではないでしょうか。「できません」「わかりません」とは言わずに、「やる気はあります。教えていただけるでしょうか」と、すごく前向きな発言をすると思います。

勤め先での評価も、どうやらどこにいっても高いようです。

母親が亡くなる前に、最後の親孝行として、一度だけ就職をしました。正社員として働くよう、しきりに言われていましたから。すると半年ごとに名刺の肩書が変わるのです。会社のみなさんに引き立てられて、とんとん拍子に昇進していきます。

ところが、昇進祝いにお肉を食べに行ったときは「女性初の工場長までいっちゃおうかな」などと言っていたのに、ある日ぱっと辞めました。「なんで辞めたん？」と聞くと、「うーん、いろいろ会社の様子を見ていたらちょっとなぁ……とか思って」と。すると、その数か月後に勤務先の関連工場が閉鎖に。妹はまるで沈みかけた船から逃げ出すネズミのような見事な撤退をしました。

アルバイト先をよく変えていた五、六回目くらいまでは、親戚中からさんざん、「もういい歳だし、就職もしないでふらふらしていていいのか？」などと言われていました。でも、面接を二〇回あまり突破したいまは、光熱費などは親にきちんと渡していますし、あの子はもう一生このままいけるのだろうな……となっています。

言葉遣いもそんなに行き届いていませんし、見た目で採用されているわけでもないと思うのですが、客観的に見て、頭のいい子だと思うのです。しかも強い。わたしが仕事のことをうだうだ言っていると、「お姉ちゃん、仕事ってそういうもんやん、甘えんな」って。「わかるわー！　とか言ってくれへんの？」と聞くと、「わからへんもん」とのたまいます。

妹はわたしのことを、「周りにいる人間の中でお姉ちゃんがいちばん楽しそうに生きている」と言いますが、わたしは妹こそ毎日とても楽しそうに生きていると思います。そして、毎日を楽しく生きているから、はつらつとした言動になり、面接官にも好感をもたれて二〇回連続面接合格につながっているのではないかと思うのです。

妹は経済的な成功者ではありませんが、人生を楽しむ成功者と言っていいかと。いささかこじつけになりますが、昇る男になるには、（妹をお手本にしていただくつもりは毛頭ないのですが）少し強気で、毎日を楽しく生きることも大切なのではないでしょうか。

！
しけたツラは他人に見せない。

52
昇る男は家庭を犠牲にしない　沈む男は仕事一辺倒でつきすすむ

経営者としてはご立派だけれど、もしも友人としてお付き合いしたいかどうかと問われたら、「ノー」とお答えするだろうなと思うような方もいらっしゃいます。

パワフルで、頭の回転もよくて、商売上手。これだけの手腕がおありなら成功されるに違いないと思えますし、実際、成功していらっしゃいます。

そういった方のやり方に習ってお商売をすれば、もしかしたら、わたしでもささやかな成功が得られるのかもしれません。でも、わたしは見習いたくありませんし、また、自分にはできないと思います。そして、そういう方と一緒にごはんを食べに行ったり買い物に行ったりしたいとも思えないのです。

それはその人ご自身に問題があると言うよりも、その人について行けるだけのものが、わたしにはないからかもしれません。

わたしは、できるだけどこにも角は立てたくないと思っています。たとえば人のお客様を奪うようなことはしたくありません。ほかの人がガッといっているところに、さらにガッといきたくはないのです。ある意味そんな消極的な人間が、芸妓として売れっ子になれるはずはありません。

損得勘定や成功するかどうかで、割り切って得をするほうを選べる人は、経済的な面からすれば成功する可能性が高いでしょう。

そのせいか商売上手な方には、なにかしらクセや、敵に回すものがあっても、ものともしない図太さがあるようにも感じます。

それこそ企業戦士のように働いている方は、家庭を犠牲にして仕事の成果を得ておられるのかもしれません。

人に抜きん出たものを手にするには、一方で並々ならぬものを捨てざるを得ないのかもしれません。成功するためには、何がしか、大事にすべきものを捨てなければならないのでしょうか……。

どんなやり方をしても、どこからか非難はくるものでしょうし、敵もできるでしょう。

それはわかるのですが、成功するためには手段を選ばない、敵ができても気にしないということは、また違うように思えます。

お座敷によくお見えになるお客様すべてが、食事はお仕事関係の会食ばかり、奥様とご一緒の時間は少ない、だから家庭を犠牲にしておられるのかと言えば、必ずしもそうではないようにも思います。

最近の若い人には、仕事面の実績はそこそこでいい、残業などはあまりせずに、妻や子どもと過ごす時間を大事にしたい、といった意識の人が多いようです。

けれど、仕事に精力を傾けてお忙しい方は、週に一回しか奥様と顔を合わせられなくても、その週に一回を大事にされ、家におられるときはご家族との時間を満喫されているようです。

家庭を大事にすることイコール時間の長さではないようです。

お客様で、家庭を犠牲にしているとおっしゃる方はあまりおられませんし、そうお見受けすることもありません。家庭を犠牲にしているとおっしゃるような方は、能力が低いと言わざるを得ないのではないでしょうか。

成功するためには手段を選ばない、厚顔無恥と見られるのもよしとする、敵ができてもかまわない、とされるような方は、たとえ一時はよかろうとも、やがて沈んでいかれるのではないでしょうか。
昇りつづけていかれる方は、人として大事にすべき、家庭や友を犠牲にはなさいません。

!

家族や友人を犠牲にはしない。
かといって、仕事を犠牲にするのは論外。

53

昇る男は習い事をしない
沈む男は資格を取りたがる

「結婚したいです！」

「誰と？」

「そんな人がいたらすぐに結婚します」

「え？　相手がいないのに結婚したいって……」

目的が漠然としすぎていて意味がわかりませんが、こういう女性はめずらしくないでしょう。結婚をパラダイスか何かと勘違いしているのでしょうか。

成功したいというのも、同じでしょう。

自分を懸ける対象と目的を、はっきりさせてから取り組むべきではないかと。若い方は、自分がどの世界でどうなりたいのかを具体的に定めて、あてはまる職業を選択されてはいかがでしょうか。

キャリアアップにつながるかもしれない、転職に有利だろう、将来起業できるかもしれないといった期待から、英会話やネイルを習う人がいるかと思います。ですが、いま日本で受講できる講座のいずれであろうと、期待外れに終わるのではないでしょうか（スクール関係者の皆様、お許しください）。

それぞれ、すでに有資格者が山ほどいるのですから、資格を取ったから成功につながるというようなことは、まずあり得ないと思うのです。もちろん、何が成功につながるかは結果論でしかありませんから断言はできませんし、仕事で使うから英語がしゃべれるようになりたい、自分でネイルができるようになりたいという目的ならいいのですが。

わたしが舞妓になったいちばんの理由は、家を出たかったからです。そのころは、家族と合わないなと思っていましたから。

親が暴力を振るうとか、借金まみれだとか、そういう家庭だったわけではありません（念のため）。ごく普通の中流家庭なのですが、普通の親だけに、子どもには子どもの理屈があろうとも、「あんたは生意気や！」と言います。食べさせてもらっていることを理由に、その理不尽と思えることも聞き続けなければならないのなら、早く自分で食べられるようになろうと思ったのです。

高校に行くことにも疑問を感じていました。ほとんどの人が進む高校を出たからといって、どうなるのだろう。進学校でもなく、そこそこレベルの高校に行くのにお金を出すのはすごくもったいないことに思えました。といって、中卒で働くとなれば職業は限られますし、お給料も同じ業務内容であっても高卒者より低くなるでしょう（いまでもアルバイトなどで同じ仕事をしながら高校生と大学生で時給に差がある理由がわかりません）。

中卒でなければ就けない仕事はないのかしらと考えているときに、わたしの祖母が京都の花街に少々のご縁があったものですから、そのご縁で舞妓の道に入りました。

芸舞妓の世界は、ぱっと華やかで、人付き合いが好きで、きれいに着飾ったりするのが大好きで、人の真ん中にいるのが大好きで、芸事が上手で大好きで……という人にとっては、ぴったりだと思います。

わたしのような人付き合いが苦手な人間には向いていなかったように思いますが、若さゆえの勢いで飛び込んだとはいえ、入ったからには精一杯おつとめしてきたつもりです。後悔はしていません。

わたしの体験も合わせて思うのですが、自分の好きなことを突き詰めることが昇っていくのにいちばんいい道ではないでしょうか。
自分が好きでない道では、大成しにくいものです。成功するために何かを始めるのではなく、好きで、もうプチオタクの域にはいっているくらい好きなことだから、これを生かせないかと考えるほうがよい結果につながっていくのではないでしょうか。

！

もしも、好きなことがあるならばトコトン極めてみるのもいい。中途半端は始末に悪い。

54

昇る男は自分の能力を錯覚できる 沈む男は自分の能力を信用しない

わたしがときどき一緒にごはんを食べに行くHちゃんは、祇園でお店をやっている、身長一八〇センチ超のお姉系です。

すごく行動力のある子で、会うたびに違うことをしています。これまで習っていたのは、日本舞踊、三味線、小唄、お茶、着付け……。加えて映画に出た、テレビに出た、新聞に載ったと、年がら年中聞こえてきます。知り合いもたくさんいて、Hちゃんのお店には、政界、財界、芸能界、いろんな著名人が顔を出されるようです。

いろんなことに手を出しますが、といってガツガツはしていません。きたものは拒まずみたいな風情で、「お三味線習ってみない？」と言われたら、いまやるべきことなのだろうと始めてみるような。「自信ないし断ってんけどな、どうしてもと言われて」と言いながら、専門学校のファッション科のショーでランウェイを歩いたりします。

モデルの話がきたときに、そんなところは歩けないと思ったら断ったでしょうが、引き受けたのは自信があったからでしょう。映画も、演技の勉強をしたわけではないでしょうが、できると思ったから受けたのでしょう。

自信があるのだと思います。スポーツ選手でも、力を発揮し活躍する支えになるのは自信でしょう。そして自信をもつには練習するしかないかと。Hちゃんも、裏付けのある自信をもつために、いろんなことに取り組んでいるのではないでしょうか。

ただし、自分に求められていること、自分が進みたい方向を整理して、手を出してみることの取捨選択はしているようです。いまからオリンピック出場を目指してマラソンを始めても、それはきわめて難しいでしょうから（いえ、ほぼ無理ですね）。

お客様に接してきて感じたことの一つは、成功されている男性は、男性としての自信をおもちだということです。たとえご容姿が少々……であっても、ご自分はモテるとお思いの方が少なくありません。根拠のない自信と言えばそうです。

けれど、成功されて経済的に恵まれておられる、おそらくそれを拠り所に自信をおもちなのはけっして笑うことではないと思います。

舞妓になる子も、ある意味根拠のない自信によって、この道を選んでいるのかもしれません。そもそも一四、五歳で完成している子なんていないでしょうし、「あなた、舞妓さんにうってつけじゃないの！」と周囲にも言われるから来ました、というような子はそういません。根拠のない自信を支えに、あそこに行けば磨かれてなんとかなるのではないかしらと思って来た子が舞妓さんなのかもしれません。わたしなんてお座敷に出てもどうしようもないと思っていたら、まず来ないでしょうから（と言っても、わたしの場合は深く考えずにいったのですが）。

独りよがりの自信でもかまわないから、自信をもつことが大事でしょう。その自信を根拠あるものにしていくように努めれば、大きな自信につながっていくものと思います。

自信なさげにしている人が、昇れるはずはありません。自分の能力をまず自分が信用しなければ、誰が信用してくれるでしょうか。

！

根拠がなくてもいいから、自分の能力を信じる。
根拠はあとから作ればいい。

55 やはり、昇る男はゴルフをたしなむ 沈む男は多趣味を誇る

わたしは漫画が大好きです。子ども時代から読んでいますが、こんなに漫画を読む大人になるとは思っていませんでした。これまで漫画の本に使ったお金を貯めていたら、小さな中古マンションの一戸くらいは買えているのではないでしょうか。

お客様でも、「えーっ！　そんなんお好きやったんですか？」というような趣味をおもちの方もいるにはいらっしゃいます。ですが、お座敷でお目にかかる方のご趣味についてわたしがもっている印象は、みなさんゴルフをたしなまれる程度、というものです。

お座敷以外の場でお目にかかる方ですと、たとえば映画を観るのが大好きで、映画はほとんど映画館でしか観ない、観るときは基本一人、いろんなシネコンのサービスデーやスクリーン、音響にとても詳しい、というような方がおられます。

そういう方は、「あくせく働きたくない、衣食住足りて、観たい映画を観たいときにスクリーンで観ることができるなら、それ以上のことは望まない」というようなことをおっしゃいます。

山登りが趣味という方もおられて、「そんなにあちらこちらの山に行かれて、費用だって大変でしょう?」と失礼なことを聞くと、「そうだけどさあ、とにかく登りたいの。給料はそんなに多くはないし費用はかかるけど、しゃあないねん。それにね、雪山がいちばんいい時期に登りたいからって、何日間も休みを取らせてくれる会社はそうはないから、いまの立場で満足しているよ」と、お給料や出世と引き替えに趣味を大事にされていました。

わたしも、漫画が思う存分夜中まで読めて、かつ、お昼寝ができる程度しか働きたくないほうですから、こういう方たちのお気持ちはよくわかります。

ところがそれとは対照的に、事業の拡大に精力を傾けておられるようなお客様は、お仲間がなさるゴルフをそつなくされている、くらいのご様子です。文字どおり分刻みで働いていらっしゃるような方から、月にいっぺんは山に登っている、といったお話はほとんど聞いたことがありません。一流の方は、仕事がおできになるのはもちろん、なおかつ趣味も多岐にわたっておもちで、さらには博学でいらしてと、さながら超人のようにイメージされがちですが、身体は一つ、時間も等しくしか与えられていません。

成功するためには、引き替えにするものも必要なのでしょうか。

問題は、何を成功と引き替えにするかではないでしょうか。

あれもしたいこれもできると、多芸多才になることを追いかけるのではなく、お仕事での成功を得ておられる方は、息抜きと気分転換をかねて仲間とのゴルフをほどほどに楽しむ、といったように時間の使い方を上手に仕分けされているように思います。

海と船がお好きでクルーザーをお持ちの社長さんも、ランニングに励まれている経営者の方も、日ごろのストレスが大きいし、健康維持も怠れないので、そうしたご趣味も仕事の一環だよとおっしゃっていました（ご趣味のようなご趣味でないような……。わたしが存じ上げないだけだとは思うのですが、趣味とお仕事での成功を両立させることは容易ではないかもしれないと考えると、成功に対する欲がないわけではないのですが、わたしはやはりいまの生活がいちばんです）。


!

趣味があるのは結構だが、のめり込むなら仕事で昇ることは考えないほうがいい。

56

昇る男は他人を欺かない 沈む男は自分を嘘で飾る

昔、実家に帰ったら、母親がフグ刺しを用意してくれていたことがありました。

「あんた、これ大好きや言うて食べてたの、覚えてるか?」と、たくさん買って来てくれていたのです。

舞妓になると、お客様が食事に連れて行ってくださることがありますから、料亭などのお料理を口にするようになります。おかげ様で舌が肥えてきます。

スーパーで買ったフグ刺しは、正直、おいしいとは思えませんでした。でも、一〇〇%善意で用意してくれた母親の前で、「おいしくない」とはとても言えません。「いやあ、久しぶりー!」と喜んで食べるのが、なんだかとても切なかった思い出があります。

食べるものや着るものをはじめ、グレードがアップすることが幸せなのか……。わたしにはわかりません。舌が肥えていなかったら、心から素直に「ママ、このふぐおいしいー！」と言えていたはずですから。

いま思えば、母親はわたしの嘘を感じとっていたかもしれません。

嘘と言えば、少し話はそれますが、「ノブレス・オブリージュ」という言葉を思い出します。フランス語で、地位や財産には、相応の義務や役割を担うといった意味です。

世のため人のために何かをするような立場になったとしても、誇示してはいけないように思います。黙ってなされればいいのではないでしょうか。やり方も大事だと思います。たとえば、名もなきつましい人たちが街頭に募金箱を持って立つよりは、著名な人が「募金してください」と呼びかけたほうがたくさんの募金が集まるということはあるでしょう。目的のためには、手段は選ばないことも、ある種の売名行為も、許されるのかもしれません。結果としてそれで困っている人たちが救われたり、貧しい国に学校ができたりすればいいのかもしれません。けれど、そういう善意の活動を呼びかけるときの、その人の顔や言葉が、心の底にある思いと連動していないのではないかしらんと感じることがあります。わたしの感想にすぎないのですが、何とも気持ち悪いことが。

整形外科医が、あの肌と骨格の動きは自然ではないからと美容整形を見抜かれるように、おっしゃっていることが心根にあるところと連動しておらず、表情を作っているような人には、少なからず「あっ、なんか思ってもいないこと言ってる！」という違和感を覚えるものでしょう。それは案外的を射ているように思います。

嘘は、ごまかせないものではないでしょうか。

昇りつづけるには、嘘はつかないことが肝心だと思います（方便としての嘘はまた違うのでしょうが）。人を欺くような言動をする人は、やがてそれを見透かされ、信頼を失って沈むのではないでしょうか。

!

思ってもいないことをあえて口にする必要はない。

57

昇る男は甘い薬を求める
沈む男は苦い薬を選ぶ

わたしには、後悔することがほとんどありません。そしていま、現在、ずっと、幸せです。芸妓としては大成しませんでしたが、舞妓になるとき、周りに言われるがまま高校に行っていたら、後悔していただろうと思います。あのときみんなが反対するから高校に進んだけど、舞妓になっていたら天下を取っていたかもしれない、などとずっと思いながらうつうつとしていたかもしれません。

誰もが「やめておけ」、「おまえには無理や」と言うのを押し切って舞妓になったのですから、もう誰の責任でもありません。「うん、自分には向いてなかった」——そう自分で納得できます。

自分で決めてやっていなければ、納得できていないと思います。人に止められて失敗したことは、どうしても人のせいにしてしまうでしょう。あのときママが止めたから、わたしはこんな三流会社に勤めることになって、結婚もできないで……などと言っていそうな気がします（結婚できていなかったとしたら自分のせいなのに）。

自分のことを、欲深く、金・地位・名声にこだわる人間かと思っていたらそうでもないのを自分の肌で感じたので、すごく納得しました。そういう意味で自分を見つめられたこともあって、舞妓になったのは失敗ではなかった、良かったと思っているのです。

いまは、お商売で成功するコツというものも、なんとなくですが、わかっているように思います。あのようにすればいい、あれをわたし流にアレンジしたらわたし流の成功の道が拓けるかなとも思うのですが、ではやりたいかと自分に問えば、「やりたくないよ！」と答えることもわかっています。憧れて舞妓になったはいいけれど、なった後のほうが長くてつらくてしんどいということがわかりましたから。成功にたどり着いてもそこがゴールではなく、そこからこそがスタートなのです。

しんどいことのない仕事は存在しません。いまも、朝起きるのがつらいとか、重たいものを持つのは勘弁してくださいとか、そういうことはあるのですが、居心地がいい状態にいます。気づくのが遅かったのかもしれませんが、自分が仕事に何を求めているのかということが、いまはすごくよくわかります。

成功して何がおもしろいのか、と自分に問うことができるようになったからです。

いま目指している道で成功したとして、それでほんとうに人生をおもしろいものだと思えるかどうか、それをよく考えたうえで成功を目指すべきではないでしょうか。

わたしが申し上げるのはおこがましいのは重々承知ですが、自分の気持ちに正直に向き合って、目差す道を選ぶことが何よりも大事なような気がします。

日本人は、甘い薬と苦い薬があったら、効き目は同じでも、苦いほうを選ぶ傾向があると聞いたことがあります。良薬口に苦し、と思うのだそうです。

人生の成功は、苦くて、うつうつとして歩む道では覚束ないでしょう。また、そのようにして成功を手に入れたとして、それはほんとうの幸せでしょうか。自分にとっておもしろい人生になる道を歩めば、どこまでも昇っていくことができると思います（そう信じたいです）。

！何ごとも楽しみながら進めばいい。

◎舞妓デビューまでには仕込み期間があります。

舞妓になるまでに、まずは仕込みとして、だいたい半年とか一年のあいだ修行をします。わたしは中学二年で寄せていただきましたから、しばらくは自宅から通っていました。実家が京都ですから、お稽古のある日だけ通っていらっしゃいと言ってもらって。ほぼ同期の大阪の子は転校して、屋方から学校に行かせてもらっていました。

お姉さん方は夕方にお座敷があるので、午前中にお稽古をすまされます。仕込みのお稽古は、お師匠さんの体が空いてからですから、夕方から夜になります。わたしは中学二年生のときから卒業するまでのあいだ、お稽古がある月四日は毎日バスで通っていました。屋方で着物に着替えて夕方六時くらいからお稽古というのを半年くらいつづけ、卒業してから正式に屋方にお世話になりました。

仕込みさんになると、朝起きるとお手伝いのおばちゃんについてお掃除、洗いものと、おうちのお手伝いをあれこれとします。「これ、あのお茶屋さんに届けてきて」と用事を言いつけられると、お届けした先で顔を覚えてもらえます。「届けろと言われましたではなく、お届けに上がりましたと言いなさい」などと教えられて言葉遣いも覚えていきます。言われるままに用事をこなしていても、「あそこに仕込みさんがいるな」と、常に見られています。わたしは住み込むのが遅かったぶん、お稽古以外のそういったことが何もできていませんでしたから、同期の子よりも店出しが半年くらい遅れました。

いまは舞妓さんが少ないこともあって、仕込みの期間はだいたい半年くらいです。一五歳だともう体は大きいですから、超特急で舞妓に出します。ただし、たとえば飲み込みが遅い、もう少し痩せてほしい、姉さんの襟替えがまだで衣裳の空きがないなどの理由で遅らせることもあります。

かつては四、五歳でお茶屋さんに入って、一〇歳、一一歳でお座敷に出ていたそうです。昔の舞妓ちゃんは、お座敷に出されたもののお客さんのお膝で寝ているような存在だったと。

舞妓でいる期間はせいぜい長くても五年から五年半です。でも芸妓は、上は八〇歳のお姉さんでも芸妓です。

わたしはたまたま一一年余りで引退しましたが、とくに定年のようなものがあるわけではありません。

◎年数とともに髪型が変化していきます。

舞妓のあいだに、変わります。細かいところを見たら、五年間ぐらいしかない舞妓期間の、だいたい何年目ということがわかります。髪からも、お紅の塗りでも。

唇の下しか塗らないのです、一年間は。上唇は塗らないのです。

ただ、祇園町さんなんかはいまもそうされていますけど、先斗町はリベラルというかいい加減（？）というか、上唇を塗ります。けれどわたしは、うちの姉さんがものすごく昔のしきたりを大事になさる方でしたから、下しか塗らせてもらえませんでした。面長なので上も塗っていたほうが似合うというので、周りのお姉さんが「あの子は塗らせてあげて」とうちの姉さんに言ってくださって、上も塗らせてもらえるようになったのでした。

花かんざしも違います。花かんざしの下にびらびらが垂れ下がっているのは、一年目舞妓です。このびらびらは二年目でも許されますけど、一年生を見分けるには、びらびらが垂れ下がっている、お紅が下だけ、おこぼに鈴が入っていて歩くたびに鈴が鳴る、頭が割れしのぶ、襟が赤い……などが特徴です。

お紅の上が塗られていて、頭が割れしのぶで、しだれがついてると、この子はおそらく二年目です。三年目になると、しだれがなくなって、丸いお花だけになります。

お紅の塗り方や、びらびらを付けるのは、あどけなさを残しているからです。二年目になって、かなり慣れた仕草になってきて、お紅が下だけはそぐわないようになれば、あらためます。

だいたいその三年目以降に、おふくといって髪型が変わります。「ワゲカエ」と言って、お姉さんのアタマに変わるのです。若い舞妓は、われしのぶ。姉さんになると、おふく。舞妓は自毛ですから、髪結いさんにやってもらいます。自分で結い上げるわけではないので、一回結うと一週間ぐらいそのままです。梳き付けは自分でできますけど。

枕も、高上げです。よく塩を撒けと言われました。髪に油がいっぱいついていますから、真っ白いお塩がついたらフケみたいで汚い。それくらい恥をかいて寝相を直せと。

寝返りは打てません。でも、人間って不思議なもので、熟睡していても、寝返りを打つときは、ムクって起きて打っているようです。朝起きたら向きが変わっているので、寝返り打っている……と思っておどろいたことがあります。

◎顔に汗をかかないようにします。

団扇で煽ぐときは、8の字を描きなさいと言われました。8の字というか無限大です。

すると、美しくなると。

白塗りはもうほんとに修復が難しいので、顔に汗をかかないようにします。これはコツがあるわけではなくて、もう根性です。

◎舞妓にはお約束事があります。

お客様にごはんを食べに連れて行ってもらうとき、ズボンは厳禁です（いまはわかりませんが）。

仕込みさんのときは、髪を下ろすのもいけません。ポニーテールもほとんど許されませんから、ひっつめです。服はミニスカートでもかまいませんが、動きやすいことが基本です。頭髪は絶対に黒です。茶髪はあり得ません。仕込みさんのときは、お化粧もあまりしてはいけないのです。

いまは緩くなってきていますけど、一人で喫茶店には入るも禁止です。お行儀がよくないからです。本屋さんに入ってもいけないし、ファッションビルみたいなところにあまり入るなと言われます。もちろんコンビニやマクドナルドは絶対にだめです。

イメージ商売ですから、和食をお客様といただいていますというイメージが壊れないように、マクドナルドに並ぶのも、コンビニでプリンを買うのもよろしくない、ということです。どうしてもハンバーガーが食べたいなら、お休みの日にお行きやす、と。

喫茶店にも入ってはいけないと言われますが、ほんとうにお行儀よく、お紅茶等をあがるのであれば、それは許されると思います。ただ、舞妓ちゃんはまだ人として未熟ですから、舞妓ちゃん同士がわーっとやる可能性があります。そういう姿を誰がどこで見ているかわかりませんから禁じているのでしょう。

本屋さんにしても、リルケの詩集などを立ち読みするのだったらよさげですけど、マンガを読んで笑うのはもってのほかです。じつはそれをして、お姉さんに怒られたことがありますけど。

好きな本は、本屋さんに配達してもらっていました。わたしが屋方にいたころは、酒屋さんでも本屋さんでも、配達してくださったのです。お休みの日で、頭をほどいているときでも着物で出かけることが多く、なかなかお洋服で動かないものですから。

あとがき

一一年余りの現役生活のうち、わたしは舞妓と芸妓がちょうど半々で、5年半ずつくらいでした。お姉さん方からすれば、そんなぺーぺーで辞めたくせに、なにをえらそうなこと言ってるの、おバカさん！　と言われそうです。

しかも、成功する男性の見分け方を知っていたら、いまの夫と結婚してる？　という話にもなりかねません。

自分が花街の外に出て、ごくごく一般人である自分の夫を見て感じたのは、あぁ、この人には成功する素質とか成功した人との共通点が少ないなぁ、ということでした。そこではじめて、あのお客様たちにはああいう共通点があるな、こういうところに心配りをなさっていたのだなということを感じました（べつに主人もけっしてダメなひとじゃないんですよ！）。

ただ、「成功する男」と「いい男」は、違うように思います。仕事のできる男の人が必ずしも成功するわけではないですし、成功している男の人が一〇〇％必ずしも仕事ができるわけでもないでしょう。

仕事ができて、ご自分のその仕事に誇りをもっておられて、けれどそれ以上のものは求めておられない人もいらっしゃるようです。なにをもって「成功」と思うかは人それぞれかと。うちの夫は成功者ではないかもしれませんが、それはそれでまたよいととらえています。

お金持ちなることが成功だとするなら、そういう意味での成功を求めている人は、いまの世の中、少ないのかもしれません。とくに若い世代には、「そこそこでいいっすよ、なにかを犠牲にしてまで金持ちにならなくても……」という人も多いように感じます。

お座敷に上がられるお客様は、社会的な地位や財に恵まれた方々ですが、それだけをもって成功者とするものではないように思います。

むしろ人としての豊かさがあるからこそ、いまのお立場や財力を手にされたのではないかと思うのです。

わたしなりにその豊かな人物になるための示唆をどこまで書くことができたか心もとないのですが、もういちどページをさかのぼってお汲み取りいただければと願います。

この本を書くことになったのは、芸舞妓時代にお世話になった方にとりもっていただいたご縁からでした。書きはじめてからは、どこからどう書けばいいのか悶々とするなか、おひとりずつお名前を挙げるのは控えさせていただきますが、友人や編集者の方々に多大なヒントと励ましを頂戴しました。みなさま、ありがとうございました。

素敵な装幀をしてくださった倉本修様、いつもこまやかな心遣いで資料の作成を手伝ってくださった新妻千波様、そして寛容な理解で見守ってくれた夫と、我が家の猫達、そしてボク様に本当に心から感謝しております。

著者略歴

竹由喜美子（たけよし きみこ）

1973年京都市生まれ。14歳のころから踊りのお稽古を始め、中学卒業とともに京都花街の屋方のお世話に。16歳で舞妓として店出し、ほぼ５年を経て襟替えし芸妓に。芸舞妓として11年余をつとめ引退しました。

現在は、とてもとても大事な愛猫４匹、そこそこに大事な夫１匹と、京都で暮らしています。ごく稀に仕事をし、ごくごく稀に家事に勤しみ、日々のん気に成功とは程遠い暮らしを満喫中です。

京都花街の教え　元芸妓が語る
昇る男の条件　沈む男の傾向

2013年4月24日　第1刷発行
2013年8月11日　第3刷発行

著　者　竹由喜美子
発行者　八谷智範
発行所　株式会社すばる舎リンケージ
〒170-0013
東京都豊島区東池袋3-9-7　東池袋織本ビル1階
TEL 03-6907-7827　FAX 03-6907-7877
http://www.subarusya-linkage.jp/

発売元　株式会社すばる舎
〒170-0013　東京都豊島区東池袋3-9-7
東池袋織本ビル
TEL 03-3981-8651(代表)03-3981-0767(営業部直通)
振替 00140-7-116563
http://www.subarusya.jp/

印　刷　ベクトル印刷株式会社

落丁･乱丁本はお取り替えいたします。

ISBN978-4-7991-0237-4 C0030